COMPACT
Aktives Lernen

BUSINESS
ENGLISH
schnell kapiert

W0060031

Sarah Lewis-Schätz
Dorte Süchting

Compact Verlag

© 1999 Compact Verlag München
Chefredaktion: Claudia Schäfer
Redaktion: Dr. Isabel Schneider
Produktionsleitung: Uwe Eckhard
Umschlaggestaltung: Inga Koch
Besuchen Sie uns im Internet: www.compactverlag.de

Printed in Germany
ISBN 3-8174-7061-4
7270611

I. Telefonieren

Is that Smith & Co.? (US: Is this ...)	Bin ich richtig bei Smith & Co.?
David Jones here from Smith & Co., may I speak to .... please?	Hier David Jones von Smith & Co., kann ich bitte mit ... sprechen?
Could you put me through to ... please?	Könnten Sie mich bitte mit ... verbinden?
Is ... available?	Ist ... zu sprechen?
Who's speaking please? / May I ask who's calling?	Mit wem spreche ich bitte?

Engländer und Amerikaner melden sich nicht immer mit ihrem Namen am Telefon, sondern fragen oft nur nach der Person, mit der sie sprechen wollen: "Hello, can I speak to ...?". Man muss deshalb zurückfragen "who's calling?". Wenn man die Leute privat anruft, meldet man sich meistens nur mit "hello" oder, besonders in England, nur mit der Telefonnummer.

I'm sorry, I've dialled (US: dialed) the wrong number.	Es tut mir Leid, ich habe mich verwählt.
I can't hear you very clearly, it's a bad line.	Ich kann Sie nur undeutlich verstehen, die Verbindung ist sehr schlecht.
I'm sorry, he's on the other line at the moment.	Es tut mir Leid, er spricht gerade auf der anderen Leitung.
Sorry, he's not in right now.	Tut mir Leid, er ist im Augenblick nicht im Büro.
Please hold the line.	Bleiben Sie am Apparat.
Would you like to hold, or should he call you back?	Möchten Sie warten, oder soll er Sie zurückrufen?
I'm sorry, but he has recently left the company, Mr. Jones is now in charge of that department.	Es tut mir Leid, aber er hat vor kurzem die Firma verlassen, Herr Jones ist jetzt Leiter dieser Abteilung.
May I take a message?	Kann ich ihm etwas ausrichten?
May I give him a message?	Kann ich ihm etwas ausrichten?
Can he call you back?	Kann er Sie zurückrufen?
Would you hold the line for a moment, I'll just put you through.	Einen Moment, ich verbinde Sie.
Speaking./ This is he./This is she.	Am Apparat.
How can I help you?	Wie kann ich Ihnen behilflich sein?
I'm afraid she's away on business this week.	Leider ist sie diese Woche geschäftlich unterwegs.
I'm sorry, but he's at the Munich fair all week.	Es tut mir leid, aber er ist die ganze Woche auf der Münchner Messe.

He's on holiday (US: on vacation) until the end of next week.	Er befindet sich bis Ende nächster Woche im Urlaub.
May I put you through to her assistant/her secretary?	Kann ich Sie mit ihrer Assistentin/ihrer Sekretärin verbinden?
I have already called twice today.	Ich habe heute schon zweimal angerufen.

„Einmal" wird nicht mit "one time" übersetzt, sondern "once", „zweimal" mit "twice". Erst ab „dreimal" heißt es "three times, four times, ...". "One time" bedeutet „ehemalig" oder „einmalig", "two-time" „betrügen"!

May I take your name and number and get someone to call you back?	Kann ich Ihren Namen und Ihre Telefonnummer notieren? Es wird Sie dann jemand zurückrufen.
All of our sales team are presently unavailable.	Alle unsere Verkäufer sind zurzeit nicht zu erreichen.
He's just taking his lunch break.	Er hat gerade Mittagspause.
He's in a meeting this morning, could you call back again this afternoon?	Heute Vormittag hat er eine Besprechung, könnten Sie heute Nachmittag wieder anrufen?
She has asked for no calls to be put through.	Sie hat mich gebeten, keine Anrufe durchzustellen.
He has someone with him at the moment.	Zurzeit ist jemand bei ihm.
OK, I'll call back later.	Gut, ich rufe später zurück.
All right, I'll try again this afternoon.	In Ordnung, ich probiere es noch einmal heute Nachmittag.
Could he give me a call back?	Könnte er mich zurückrufen?
Could you call me back?	Könnten Sie mich zurückrufen?
I would just like to reconfirm our meeting tomorrow at 11 a.m.	Ich möchte nur unsere Besprechung morgen um 11.00 Uhr rückbestätigen.

Vorsicht bei Präpositionen der Zeit: "Can we meet at 10 a.m. on Tuesday?" "At" verwendet man in Zusammenhang mit einer bestimmten Uhrzeit, "on" mit einem bestimmten Tag.

When would be the best time to reach you?	Wann wäre die beste Zeit, Sie zu erreichen?
I'll be out of the office for the rest of the day.	Ich bin den Rest des Tages nicht mehr im Büro.
May I give him a message?	Kann ich ihm etwas ausrichten?

A: David Jones here from Smith & Co., may I speak to Helmut Müller please?
B: I'm sorry, he's on the other line at the moment. May I take a message?

A: Yes. Could you please tell him to call me back this afternoon?

B: Yes, of course.

A: Could you put me through to John Smith please?
B: May I ask who's calling?
A: Jane Dawson, Reeve Electronics.
B: Please hold the line for a moment, I'll just put you through.

A: May I speak to someone in the sales department?
B: I'm sorry, they are all at lunch until 1.30 p.m. May I take your name and number and get someone to call you back?

A: Could you put me through to the managing director, please?
B: He's in a meeting this morning, could you call back again this afternoon?
A: It is quite important.
B: I'm sorry, but he has asked that no calls be put through.

A: All right, I'll try again this afternoon.
B: May I tell him who called?

A: John Stephens from Lloyd Coatings.

A: Harald Wagner, please.

A: Hier David Jones von Smith & Co., kann ich bitte mit Helmut Müller sprechen?
B: Es tut mir Leid, aber er spricht gerade auf der anderen Leitung. Kann ich ihm etwas ausrichten?
A: Ja. Könnten Sie ihm bitte sagen, dass er mich heute Nachmittag zurückrufen soll?
B: Ja, natürlich.

A: Könnten Sie mich bitte mit John Smith verbinden?
B: Mit wem spreche ich bitte?
A: Jane Dawson, Reeve Electronics.
B: Einen Moment bitte, ich verbinde.

A: Könnten Sie mich bitte mit der Verkaufsabteilung verbinden?
B: Es tut mir Leid, dort sind alle bis 13.30 Uhr in der Mittagspause. Kann ich Ihren Namen und Ihre Telefonnummer notieren? Es wird Sie dann jemand zurückrufen.

A: Könnten Sie mich bitte mit dem Geschäftsführer verbinden?
B: Heute Vormittag hat er eine Besprechung, könnten Sie heute Nachmittag wieder anrufen?
A: Es ist ziemlich wichtig.
B: Es tut mir Leid, aber er hat mich gebeten, keine Anrufe durchzustellen.

A: In Ordnung, ich probiere es noch einmal heute Nachmittag.
B: Kann ich ihm sagen, wer angerufen hat?

A: John Stephens von Lloyd Coatings.

A: Ich hätte gerne Harald Wagner gesprochen.

B: He's just taking his lunch break. May I help you at all?
A: Yes, you could give him a message. I would just like to reconfirm our meeting tomorrow at 11.30 a.m. If there is a problem maybe he can call me back.

B: When would be the best time to reach you?
A: I'm also just going to lunch, but will be back in the office after 2 p.m.

B: Er hat gerade Mittagspause. Kann ich Ihnen vielleicht behilflich sein?
A: Ja, Sie könnten ihm etwas ausrichten. Ich möchte nur unsere Besprechung morgen um 11.30 Uhr rückbestätigen. Vielleicht kann er mich zurückrufen, wenn es Probleme gibt.

B: Wann wäre die beste Zeit, Sie zu erreichen?
A: Ich gehe jetzt auch gerade zum Mittagessen, werde aber nach 14 Uhr wieder im Büro sein.

Ein Telefongespräch unter Geschäftspartnern, die sich kennen, fängt oft mit der üblichen Frage "Hello, how are you?" an. Die übliche Antwort "Fine, thanks, and you?". Erst nachdem man ein paar solcher Höflichkeiten gewechselt hat, geht man zum Geschäftlichen über. Engländer reden auch ganz gerne über das Wetter und könnten durchaus fragen, wie das Wetter zurzeit in Deutschland ist. Es steckt kein besonderer Grund dahinter, nur eine höfliche Frage.

A: Hello, Peter. How are you?
B: I'm fine, thank you. How are you?
A: I'm having a really busy day. And with this wonderful weather outside ... I wish I could go home early.

B: Then why don't you?
A: Because we're having troubles with one of our machines. This is actually the reason for my call. I need to see you and talk over our production schedules as soon as possible. Do you have time for a short meeting tomorrow morning at 10?
B: Yes, I think I'll be able to make it.

A: Wonderful. See you tomorrow, then.

A: Hallo Peter, wie geht's Ihnen?
B: Gut, danke. Und Ihnen?
A: Ich bin furchtbar beschäftigt heute. Und das bei diesem wunderbaren Wetter draußen ... Ich wünschte, ich könnte heute früher nach Hause.
B: Warum tun Sie es nicht?
A: Weil wir Schwierigkeiten mit einer Maschine haben. Übrigens ist das der Grund, weshalb ich anrufe. Wir müssen uns treffen und den Produktionszeitplan besprechen. Haben Sie morgen Vormittag um 10 Zeit für ein kurzes Meeting?
B: Ja, ich denke ich kann es einrichten.
A: Wunderbar. Dann also bis morgen.

"As soon as possible" wird als ASAP abgekürzt und wird auch im gesprochenen Englisch verwendet; "I'll send it A-S-A-P".

II. Geschäftsreisen

Making Appointments

May I come and visit you?
Can we arrange a meeting?
I think we should meet.
I would like an appointment to see
Mr. Green, please.
This is best discussed face to face.

When could we meet?
When would it suit you?
Is next Tuesday OK with you?
Let me check my appointment book.

I'll check with my secretary.

I'll just see if I have any appointments on that day.
Four o'clock next Thursday?
I'll see if he's free.
He won't be in until about 10 a.m.
He has a meeting in the city in the morning.
Could we make it a bit earlier /later?

He has a meeting all day, how about Tuesday morning?

He won't be back off holiday (US: back from vacation) until next Thursday.

Terminvereinbarungen

Kann ich Sie besuchen kommen?
Können wir ein Treffen vereinbaren?
Ich glaube, wir sollten uns treffen.
Ich möchte bitte einen Termin bei
Herrn Green.
Wir sollten es besser persönlich
besprechen.

Wann könnten wir uns treffen?
Wann würde es Ihnen passen?
Passt Ihnen nächsten Dienstag?
Lassen Sie mich in meinem
Terminkalender nachsehen.
Ich frage bei meiner Sekretärin
nach.
Ich sehe nur nach, ob ich an dem
Tag irgendwelche Termine habe.
16 Uhr nächsten Donnerstag?
Ich sehe nach, ob er frei ist.
Er wird vor 10 Uhr nicht hier sein.
Er hat vormittags eine Verabredung
in der Stadt.
Ginge es ein bisschen früher /
später?
Er hat den ganzen Tag eine Besprechung, wie wäre es mit Dienstagvormittag?
Er ist bis nächsten Donnerstag im
Urlaub.

Im Englischen wird nur selten die 24-Stunden-Zeitskala benutzt. Meist hält man sich an die 12 -Stunden-Skala in Verbindung mit a.m. oder p.m. 5.30 Uhr heißt also "5.30 a.m." und 17.30 Uhr ist "5.30 p.m." Stattdessen kann man auch "five thirty in the morning" oder "five thirty in the afternoon" sagen. Besonders zu beachten ist die Zeitangabe "half ...". Sollte ein Engländer z.B. "half five" sagen, meint er damit "half past five", also halb sechs! Um Missverständnisse zu vermeiden, sagt man zu "halb sechs" am besten einfach "five thirty".

Should we say Monday at 10 a.m.?
Let's make it 4 p.m. in my office.
Let me check with John whether he can make it as well.
Can you join us next Monday at 4 p.m.?
Where should we meet, in your office?
In the reception hall (US: lobby).
Thursday is a holiday.

Sollen wir Montag um 10 Uhr sagen?
Sagen wir 16 Uhr, in meinem Büro.
Lassen Sie mich bei John nachfragen, ob er auch kommen kann.
Können Sie am nächsten Montag um 16 Uhr teilnehmen?
Wo sollen wir uns treffen, in Ihrem Büro?
In der Eingangshalle.
Donnerstag ist Feiertag.

A: We have a problem with the new system.
B: I think this is best discussed face to face. Can we arrange a meeting?

A: Wir haben ein Problem mit dem neuen System.
B: Ich glaube, dass wir es besser persönlich besprechen sollten. Können wir ein Treffen vereinbaren?

A: Yes, fine. How would next Tuesday at 11 o'clock suit you?

A: Ja, in Ordnung. Würde Ihnen nächsten Dienstag um 11 Uhr passen?

B: Let me check my appointment book. No, that's no good. How about Monday, would 10.30 a.m. suit you?

B: Lassen Sie mich in meinem Terminkalender nachsehen. Nein, das geht nicht. Wie wäre es mit Montag, passt es ihnen gegen 10.30 Uhr?

A: Yes, that'll be fine.
B: OK, see you next Monday then.

A: Ja, das passt mir gut.
B: Gut, dann bis nächsten Montag.

A: May I come and visit you?
B: Yes, is next Wednesday OK with you?
A: Yes, fine, I'll make a note in my appointment book.

A: Kann ich Sie besuchen?
B: Ja, passt es Ihnen nächsten Mittwoch?
A: Ja, in Ordnung, ich werde es in meinem Terminkalender notieren.

A: I would like an appointment to see Mr. Green, please.
B: Yes, when would you like to come?
A: On Friday the 20th would suit me best.
B: I'm sorry, but he has a meeting in the city on that day. How about Monday the 23rd?

A: Ich möchte bitte einen Termin bei Herrn Green.
B: Ja, wann möchten Sie kommen?
A: Am Freitag, den 20., würde es mir am besten passen.
B: Es tut mir Leid, aber er hat an diesem Tag eine Besprechung in der Stadt. Wie wäre es am Montag, den 23.?

A: No, that's May Day.

A: Nein, da ist Maifeiertag.

B: Oh yes, I overlooked that. On Tuesday the 24th then?
A: That's OK. At what time?
B: About 3 o'clock?
A: Fine. Thank you. See you then.

A: Could we meet for breakfast tomorrow?
B: Let me check with my secretary if I've any appointments.

A: OK, I'll wait.
B: Yes, seems to be OK.
A: Should we say 8.30?
B: Fine, see you tomorrow.

A: When is the meeting due to take place?
B: On Wednesday afternoon at 2 p.m.
A: Do you have the agenda?
B: Yes, we are supposed to make a presentation of the sales figures.
A: Maybe we should meet for lunch to discuss this.

B: OK, tomorrow at 1 p.m. at "Dusty's"?
A: Fine. Who else will be at the meeting?
B: Stephen and John.
A: OK. I'll tell them to be there at 1.

A: Sorry to trouble you again, but I can't make tomorrow at 4. Can we make it a bit earlier, say 2.30?

B: Fine, I'll change it.
A: Thank you. See you then.

B: Ach ja, habe ich übersehen. Dann am Dienstag, den 24.?
A: Ja, in Ordnung. Um wieviel Uhr?
B: Gegen 15 Uhr?
A: Gut. Danke. Bis dann.

A: Können wir uns morgen zum Frühstück treffen?
B: Lassen Sie mich bei meiner Sekretärin nachfragen, ob ich schon Termine habe.

A: Gut, dann warte ich solange.
B: Ja, scheint in Ordnung zu sein.
A: Sagen wir 8.30 Uhr?
B: In Ordnung, bis morgen.

A: Wann soll die Besprechung stattfinden?
B: Am Mittwochnachmittag um 14 Uhr.
A: Haben Sie die Tagesordnung?
B: Ja, wir sollen die Verkaufszahlen präsentieren.
A: Vielleicht sollten wir uns zum Mittagessen treffen, um dies zu besprechen.

B: OK, morgen um 13 Uhr bei "Dusty"?
A: In Ordnung. Wer nimmt sonst noch an der Besprechung teil?
B: Stephen und John.
A: In Ordnung. Ich sage ihnen, dass sie um 13 Uhr da sein sollen.

A: Es tut mir Leid, dass ich noch mal störe, aber morgen um 16 Uhr passt mir nicht. Geht es ein bisschen früher, sagen wir um 14.30 Uhr?
B: In Ordnung, ich ändere es.
A: Danke. Bis dann.

Reservations/Hotel

Do you have any vacancies?
I would like to book a room.
We have singles and doubles.

I would need the room for to nights.

Will there be a restaurant and a bar?

How will I get there from the bus station?
We would like to place a reservation for a conference room.
Could you fax this for me?
Please charge everything to my account.
Please charge this to my credit card.
I would need an overhead projector.

I'm sorry, we're fully booked due to the exhibition starting next week.

Maybe you could try the Regency.

Do you have special rates for business travellers?
Could you confirm the reservation by fax?
Could you let me have the full address and telephone and fax numbers, please?
Could I place a reservation by e-mail?
Is it possible to get more information through the internet?
There's a photo of our hotel on our internet homepage.
Thank you for your assistance.
What is the best way to get to the hotel from the airport?
There is a shuttle bus to the main station every twenty minutes, the hotel is just around the corner.

Reservierungen/Hotel

Haben Sie freie Zimmer?
Ich würde gerne ein Zimmer buchen.
Wir haben Einzel- und Doppel-zimmer.

Ich brauchte das Zimmer für zwei Nächte.

Gibt es dort ein Restaurant und eine Bar?

Wie werde ich vom Busbahnhof dorthin kommen?
Wir würden gern einen Konferenz-raum reservieren.
Können Sie mir dies durchfaxen?
Bitte schreiben Sie alles auf meine Rechnung.
Bitte buchen Sie das von meiner Kreditkarte ab.
Ich brauchte einen Overhead-projektor.

Es tut mir Leid, wir sind völlig aus-gebucht wegen der Messe nächste Woche.

Vielleicht versuchen Sie es beim Hotel Regency.

Haben Sie Sondertarife für Geschäftsreisende?
Können Sie die Reservierung bitte per Fax bestätigen?
Können Sie mir bitte die vollständige Adresse sowie Telefon- und Fax-nummer geben?
Könnte ich per E-Mail reservieren?
Ist es möglich, über das Internet mehr Informationen zu bekommen?
Es gibt ein Foto unseres Hotels auf unserer Internet-Homepage.
Vielen Dank für Ihre Hilfe.
Wie kommt man am besten vom Flughafen zum Hotel?
Ein Pendelbus fährt alle zwanzig Minuten zum Hauptbahnhof, das Hotel ist gleich um die Ecke.

There is a map on our homepage where you can see how to get to us.	Auf unserer Homepage ist eine Karte, der Sie entnehmen können, wie Sie zu uns finden.
A: I would like to book a single room for two nights from the 21st to 23rd April in the name of Jones. The company is Jones & Son, London. B: Yes, we have rooms left. A: Do you have small conference rooms available? We would need a room for eight people, refreshments and lunch included. B: That would be no problem. A: Could you send us a brochure and a price list? B: We'll send it off today. A: Is it possible to rent a car there?	A: Ich möchte vom 21. bis zum 23. April ein Einzelzimmer auf den Namen Jones reservieren. Die Firma ist Jones & Son, London. B: Ja, wir haben noch Zimmer frei. A: Stehen kleine Konferenzzimmer zur Verfügung? Wir brauchten einen Raum für acht Personen, inklusive Erfrischungen und Mittagessen. B: Das wäre kein Problem. A: Können Sie uns eine Broschüre und eine Preisliste zuschicken? B: Schicken wir heute weg. A: Ist es möglich, dort ein Auto zu mieten?
B: I would recommend renting a car at the airport. We have sufficient parking here. A: Is it also possible to place a reservation by e-mail? B: Yes, you can do that. A: Fine, thank you for your help. B: You are welcome.	B: Ich würde empfehlen, ein Auto am Flughafen zu mieten. Wir haben hier genügend Parkplätze. A: Ist es auch möglich, per E-Mail zu reservieren? B: Ja, das können Sie tun. A: In Ordnung, vielen Dank für Ihre Hilfe. B: Gern geschehen.

Wenn sich jemand auf Englisch bedankt, antwortet man für „Bitte" mit "You're welcome", "Not at all", "Don't mention it", usw. und nicht mit "Please" (dieses wird nur in Fragen oder Bitten verwendet).

A: Are there any messages for me? B: Yes, here, a fax. A: Is everything prepared for our meeting tomorrow? B: Yes, in the Berkeley room. A: Do you have a television and video recorder (VCR) available? B: Yes, I'll have them brought over.	A: Gibt es irgendwelche Nachrichten für mich? B: Ja, hier, ein Fax. A: Ist alles für unsere morgige Besprechung vorbereitet? B: Ja, im Berkeley Zimmer. A: Stehen ein Fernseher und ein Videorekorder zur Verfügung? B: Ja, ich sorge dafür, dass sie herübergebracht werden.

A: We would like to have a coffee break at 10 a.m.
B: No problem.
A: When Mr. Smith arrives, can you please tell him that I am waiting in the bar?

A: Wir möchten um 10 Uhr eine Kaffeepause machen.
B: Kein Problem.
A: Wenn Herr Smith ankommt, könnten Sie ihm bitte sagen, dass ich in der Bar auf ihn warte?

Transportation

Verkehrsmittel

When does the next flight to London leave?
Is it possible to change my ticket to stop over in Chicago for two days?

Wann geht der nächste Flug nach London?
Kann ich eventuell mein Ticket ändern, damit ich zwei Tage in Chicago bleiben kann?

Is there somewhere here where I can rent a car?
Could you please tell me where I can find the closest car rental?

Kann ich hier irgendwo ein Auto mieten?
Könnten Sie mir bitte sagen, wo ich die nächste Autovermietung finden kann?

How much are the costs for a rental car?
Does the price include tax, insurance, and free mileage?
What about oneway rentals?
Where is the nearest taxi stand?

Was kostet ein Mietwagen?
Beinhaltet der Preis Steuer, Versicherung und unbeschränkte Meilen?
Wie ist es mit Ein-Weg-Mieten?
Wo ist der nächste Taxistand?

A: When does the next flight to London leave?
B: 7.30 p.m. via New York.
A: Is it possible to change my ticket to stop over in New York for two days?
B: Of course, no problem, but we would have to charge you $50.

A: Wann geht der nächste Flug nach London?
B: 19.30 Uhr über New York.
A: Kann ich eventuell mein Ticket ändern, damit ich zwei Tage in New York bleiben kann?
B: Natürlich, kein Problem, aber wir müssen eine Gebühr von $50 berechnen.

A: My name is Smith, you have a car reserved for me.
B: Yes, the white car over there.
A: There has been a change of plan, can I hand it back in Boston?

A: Mein Name ist Smith, für mich ist ein Auto reserviert.
B: Ja, das weiße Auto da drüben.
A: Meine Pläne haben sich geändert, kann ich das Auto in Boston wieder abgeben?

B: No problem, but that would cost a little more.

B: Kein Problem, aber das kostet ein bisschen mehr.

A: Please charge it to my credit card.	A: Bitte buchen Sie es von meiner Kreditkarte ab.
A: From which platform is the train to London leaving?	A: Von welchem Gleis fährt der Zug nach London ab?
B: From platform 5. It is delayed by 15 minutes.	B: Von Gleis 5. Der Zug hat 15 Minuten Verspätung.

Visitors

Besucher

Die englische Grußform "How do you do?", benutzt man, wenn einem jemand vorgestellt wird. Sie heißt im diesem Fall „Guten Tag/Angenehm!". „Wie geht's" wird mit "How are you?" ausgedrückt. Diese Wendung hört man vor allem in den USA. Die Antwort auf eine solche Frage lautet meist "Fine, thank you", und ihr folgt die Gegenfrage "(And) how are you?"

Good morning, how are you?	Guten Morgen, wie geht es Ihnen?
I am fine, thank you.	Mir geht es gut, danke.
How do you do?	Wie geht es Ihnen?
Hello, it's nice to see you again.	Guten Tag, schön, Sie wieder zu sehen.
I'm here to see Mr. Lewis.	Ich bin mit Herrn Lewis verabredet.
I have an appointment with Mr. Green.	Ich habe eine Verabredung mit Herrn Green.
Is she expecting you?	Werden Sie erwartet?
Would you like to wait for him in this room?	Möchten Sie hier in diesem Zimmer auf ihn warten?
Please take a seat.	Bitte nehmen Sie Platz.
Please make yourself comfortable. He'll be along shortly.	Bitte machen Sie es sich bequem. Er kommt sofort.
May I offer you a cup of coffee?	Darf ich Ihnen eine Tasse Kaffee anbieten?
With milk and sugar?	Mit Milch und Zucker?
Would you like some tea?	Möchten Sie eine Tasse Tee?
Would you like something to drink?	Möchten Sie etwas trinken?
Can I get you some more tea?	Kann ich Ihnen noch etwas Tee anbieten?

Die Engländer trinken fast nur schwarzen Tee und nur sehr selten Kräutertee. Wenn man einem Engländer eine Tasse Tee anbietet, erwartet er schwarzen Tee, aber mit Milch (Kuhmilch, keine Kondensmilch). Nur sehr selten wird Tee mit Zitrone genommen. Vor allem in den USA wird viel Kaffee getrunken.

I'm afraid we have run out of biscuits (US: cookies).	Es tut mir Leid, aber wir haben keine Kekse mehr.
Is there somewhere I can hang my coat?	Kann ich irgendwo meinen Mantel aufhängen?
May I use the phone?	Darf ich telefonieren?
Is there a phone here I can use?	Kann ich hier irgendwo telefonieren?
Could you dial this number for me?	Könnten Sie für mich diese Nummer anwählen?
Could you fax this through to my company in London?	Könnten Sie dies bitte an meine Firma in London faxen?

Einem Geschäftspartner bei der Begrüßung die Hand zu geben, ist im englischsprachigen Raum genauso üblich wie in Deutschland. Man sollte sich allerdings merken, dass dies dort im Privatleben sehr ungewöhnlich ist und eine gewisse Distanz zur Person zeigt. Auch bei geschäftlichen Treffen in den USA ist nach der Begrüßung eine entspannte Haltung, zu der auch mal die Hände in den Hosentaschen verschwinden können, durchaus nichts Anstößiges.

Did you have a good flight?	Hatten Sie einen guten Flug?
How was your trip?	Wie war Ihre Fahrt? / Wie war Ihr Flug?
I'll have our driver pick you up at about 1.30 p.m.	Ich werde unserem Fahrer sagen, dass er Sie gegen 13.30 abholen soll.
When are you leaving Germany?	Wann verlassen Sie Deutschland?
When are you going back to the States?	Wann fliegen Sie zurück in die Vereinigten Staaten?
What time are you leaving?	Um wieviel Uhr fliegen/fahren Sie ab?

In der englischsprachigen Welt werden Geschäfte auf einer persönlicheren Basis getätigt, d.h. wenn man das erste Mal mit einer Firma/einer Person Kontakt aufnimmt, benutzt man die formelle Form Mr. Smith/ Mrs. Brown als Anrede. Nach dem ersten oder zweiten Kontakt benutzt man des öfteren einfach den Vornamen bzw. es wird einem angeboten: "Please call me David." Die Form Mr./Mrs. ist normalerweise „höheren Personen" vorbehalten, z.B. Geschäftsführern oder älteren Personen. Auch wenn man telefoniert, stellt man sich mit Vor- und Nachnamen vor: "My name is David Smith from Smith & Co." und nicht wie im Deutschen üblich nur mit Nachnamen. Wenn man bei dieser formelleren Form bleibt, wirkt das oft sehr negativ und steif. In England/USA werden sogar in den meisten Firmen die direkten Vorgesetzten mit Vornamen angesprochen.

A: Hello, it's nice to see you again.

B: Yes, its been a long time. I'm here to see Mr. Williams.
A: I'll just call him. Would you like to take a seat?
A: He'll be along shortly, may I offer you a cup of coffee?
B: Yes, please.
A: If you would like to wait in here, I'll bring the coffee.

A: Mr. Gregory, how nice to see you. Mr. Frank has been called away, but should be back in ten minutes. Would you like some coffee while you're waiting?
B: I would prefer tea. Is there a phone here I can use?
A: Yes, please follow me.

A: Can I get you some tea?

B: No, thank you. Do you have any cold drinks?
A: Yes, we also have orange juice, cola (US: coke) or mineral water.
B: I'll have some orange juice, then.

A: Here you are.
B: Thank you.
A: Not at all.

A: Guten Tag, schön, Sie wieder zu sehen.
B: Ja, ist schon lange her. Ich bin mit Herrn Williams verabredet.
A: Ich rufe ihn schnell an. Möchten Sie Platz nehmen?
A: Er kommt sofort, kann ich Ihnen eine Tasse Kaffee anbieten?
B: Ja, bitte.
A: Wenn Sie bitte hier warten möchten, ich bringe Ihnen den Kaffee gleich.

A: Mr. Gregory, schön Sie wieder zu sehen. Mr. Frank musste kurz weg, aber er sollte in zehn Minuten wieder hier sein. Möchten Sie eine Tasse Kaffee, während Sie warten?
B: Ich trinke lieber Tee. Kann ich hier irgendwo telefonieren?
A: Ja, bitte folgen Sie mir.

A: Kann ich Ihnen etwas Tee anbieten?
B: Nein, danke. Haben Sie auch kalte Getränke?
A: Ja, wir haben auch Orangensaft, Cola oder Mineralwasser.
B: Dann nehme ich einen Orangensaft.
A: Bitte sehr.
B: Danke.
A: Bitte schön.

"Small talk" mit Besuchern aus England/USA ist sehr wichtig. Schon die Nach-frage nach dem Wohlergehen der Familie, oder die Frage, ob im Hotel alles zu-friedenstellend war, schafft eine freundliche Atmosphäre.

A: Was the hotel to your satisfaction?
B: Yes, everything was just fine, thank you.
A: When are you flying back to the States?

A: War das Hotel zufrieden stellend?
B: Ja, es war alles völlig in Ordnung danke.
A: Wann fliegen Sie in die USA zurück?

B: This evening (US: tonight) at 6.30 p.m.

A: I'll have our driver pick you up at 4.30 p.m.

B: That's great, thanks for all your help.

A: Not at all. Have a good trip back. I hope to see you again soon. Please give my regards to Jane.

B: Heute Abend um 18.30 Uhr.

A: Ich werde unserem Fahrer sagen, dass er Sie so gegen 16.30 Uhr abholen soll.

B: Prima, und danke für Ihre Hilfe.

A: Bitte schön. Eine gute Heimreise, und ich hoffe, Sie bald wieder zu sehen. Bitte bestellen Sie Grüße an Jane.

Wenn man jemandem einen Gruß ausrichtet, sagt man "please give my regards to ...", oder wenn man jemanden besser kennt auch "say hello to .... for me". Das Wort "Greetings" wäre hier falsch; man findet es fast nur auf Weihnachts- und sonstigen Karten ("Season's Greetings", "Greetings from London", etc)!

III. Einkauf und Verkauf

Enquiries

We visited your stand last week at the Frankfurt fair.
We saw your advertisement in the latest edition of ... .
The British Chamber of Commerce was kind enough to pass on the name and address of your company.
We have previously bought material from your competitors, but they are presently having difficulties with their production.
We see a good opportunity to sell your products here in the German market.
We would be interested in pocket notebooks, do you stock such items?
At the show in New York you let us have some samples; we would now like to receive your offer for...
Please send us a detailed offer based on ...

We would need an offer for shipments ex works including price and present lead time.
Please quote on basis of a regular monthly quantity of 500 kg.

Do you offer a discount for large quantities?
We would appreciate you letting us have a company brochure and some samples showing your product range.
Are you presently represented in the Japanese market?

Anfragen

Wir haben letzte Woche Ihren Stand auf der Frankfurter Messe besucht.
Wir haben Ihre Anzeige in der aktuellen Ausgabe von ... gesehen.
Die britische Handelskammer hat uns freundlicherweise den Namen und die Adresse Ihrer Firma gegeben.
Wir haben früher Material von Ihren Konkurrenten gekauft, aber sie haben zurzeit Produktionsschwierigkeiten.
Wir sehen gute Chancen, Ihre Produkte hier auf dem deutschen Markt zu vertreiben.
Wir sind an Taschennotizbüchern interessiert, führen Sie solche Artikel?
Auf der Messe in New York haben Sie uns einige Muster mitgegeben; wir würden jetzt gerne Ihr Angebot über ... erhalten. Bitte schicken Sie Ihr detailliertes Angebot auf der Basis von ...
Wir benötigen ein Angebot für Lieferungen ab Werk einschließlich Preisen und aktueller Lieferzeit.
Bitte bieten Sie auf der Basis einer regelmäßigen monatlichen Menge von 500 kg an.
Gewähren Sie Mengenrabatte?

Wir wären Ihnen sehr dankbar, wenn Sie uns eine Firmenbroschüre und einige Muster Ihrer Produktpalette zukommen lassen würden.
Werden Sie zurzeit im japanischen Markt vertreten?

Looking forward to receiving your offer.	In Erwartung Ihres Angebotes.
Do you have the following material in stock: ... ?	Haben Sie folgendes Material auf Lager: ... ?
We have received an enquiry for two bottles of item 4379, is this presently available?	Wir haben eine Anfrage erhalten für zwei Flaschen vom Artikel 4379, ist er zurzeit vorrätig?
Yes, this could be dispatched immediately.	Ja, wir könnten ihn sofort verschicken.
No, I'm sorry, we're completely out of this item at the moment.	Nein, tut mir Leid, wir haben diesen Artikel im Moment nicht mehr auf Lager.
We will have this item ready for dispatch by the beginning of next week.	Dieser Artikel wird bis Anfang nächster Woche wieder lieferbar sein.
Would you be able to dispatch three units at the end of this week?	Könnten Sie Ende dieser Woche drei Einheiten zum Versand bringen?
Yes, of course, should I enter this for shipment?	Ja, natürlich, soll ich dies jetzt zur Lieferung eintragen?
We would need three boxes this week and two more boxes at the end of next week. Is this possible?	Wir bräuchten diese Woche drei Kartons und Ende nächster Woche weitere zwei Kartons. Wäre das möglich?
The three boxes will be OK, but the two additional boxes won't be here until the week after next.	Die drei Kartons gehen in Ordnung, aber die zwei weiteren Kartons sind vor übernächster Woche nicht hier.
Do you supply item 776 in 50-kg packets?	Liefern Sie Artikel 776 in 50-kg-Packungen?

In Großbritannien und in den USA wird noch in englischen Maßen gerechnet, obwohl sich das metrische System mehr und mehr durchsetzt. Siehe auch die Umrechnungstabellen für Maße im Anhang.

Could you let us have the following samples?	Könnten Sie uns bitte die folgenden Muster zukommen lassen?
Yes, I'll make sure they are put in the post this afternoon.	Ja, ich werde dafür sorgen, dass sie heute Nachmittag mit der Post weggeschickt werden.
I only have the samples in brown, would this be acceptable?	Ich habe die Muster nur in braun, wäre das akzeptabel?
I'll have to check first whether we can accept this.	Ich muss zuerst überprüfen, ob wir dies annehmen können.
Do you have any special items that you would like to clear?	Haben Sie irgendwelche Sonderartikel, die Sie räumen möchten?

We would be very interested in regularly receiving advertisements concerning special offers.
Please leave you e-mail address and I will put you on our mailing list.

A: We received the name of your company from mutual business associates in the USA. We are wholesalers of chemical products and would be interested in selling your products in the Far East.

B: I'm sorry, but at the moment we are represented in this area by a company in Tokyo. They have exclusivity rights for the whole area.

A: We saw your advertisement in the last issue of "Business Week". We have previously bought material from your competitors, but they are having difficulties with their production. Are you in a position to deliver at short notice?
B: Yes, which products are you interested in?
A: We would need twelve silver frames 36" x 24" by the end of next week.
B: We would have these ready by the middle of next week.
A: Could you fax me your detailed offer based on ex works prices? Please also quote on the basis of a regular monthly quantity of 12 units.

B: Certainly, we'll send it this afternoon. I am sure that we can make you a favourable offer.

Wir wären sehr daran interessiert, regelmäßig Anzeigen über Sonderangebote zu erhalten.
Bitte hinterlassen Sie Ihre E-Mail-Adresse und ich werde Sie auf unsere Mailingliste setzen.

A: Wir haben den Namen Ihrer Firma von gemeinsamen Geschäftspartnern in den USA erhalten. Wir sind Großhändler von chemischen Produkten und wären daran interessiert, Ihre Produkte im Fernen Osten zu vertreiben.
B: Es tut mir Leid, aber wir sind zurzeit in dieser Gegend von einer Firma in Tokio vertreten. Sie haben das Exklusivrecht für das ganze Gebiet.

A: Wir haben Ihre Anzeige in der letzten Ausgabe von "Business Week" gesehen. Wir haben früher Material von Ihren Konkurrenten gekauft, aber sie haben zurzeit Produktionsschwierigkeiten. Sind Sie in der Lage, kurzfristig zu liefern?
B: Ja, für welche Produkte interessieren Sie sich?
A: Wir brauchten zwölf Silberrahmen im Format 36" x 24" bis Ende nächster Woche.
B: Wir würden sie bis Mitte nächster Woche fertig stellen.
A: Könnten Sie mir bitte Ihr detailliertes Angebot per Fax schicken, basierend auf Preisen ab Werk?
Bitte offerieren Sie auch auf der Basis einer regelmäßigen monatlichen Menge von 12 Einheiten.
B: Natürlich, wir schicken es heute Nachmittag ab. Ich bin sicher, dass wir Ihnen ein günstiges Angebot machen können.

A: I saw on your homepage yesterday that you have article no. 669 also in colour green, now. We would be very interested. When would it be available?

B: According to the latest print-out, we could dispatch by next Tuesday. Would that be acceptable?

A: I will ring (US:call) my customer and get back to you this afternoon.

A: Ich habe gestern auf Ihrer Homepage gesehen, dass es jetzt Artikel Nr. 669 auch in grün gibt. Wir wären sehr interessiert. Wann wäre er lieferbar?

B: Nach dem aktuellsten Ausdruck könnten wir bis nächsten Dienstag liefern. Würde das gehen?

A: Ich werde meinen Kunden anrufen und mich heute Nachmittag wieder melden.

A: What is the present lead time for item 557 in green?

B: At the moment we have five in stock and four in preparation.

A: Would you be able to dispatch three units at the end of this week?

B: Yes, of course, should I enter this as a firm order?

A: Yes, and please reserve two of the other four for dispatch at the end of the month.

A: Wie ist die aktuelle Lieferzeit für Artikel 557 in grün?

B: Zurzeit haben wir fünf Stück auf Lager und vier in Vorbereitung.

A: Könnten Sie Ende dieser Woche drei Einheiten zum Versand bringen?

B: Ja, natürlich, soll ich dies als festen Auftrag buchen?

A: Ja, und bitte reservieren Sie zwei von den anderen vier für Versand Ende des Monats.

A: Do you supply item 778 in 50-kg packets?

B: No, I'm sorry, the largest packet we supply is 30 kg.

A: OK, we'll have to order two 30-kg packets then.

B: Yes, that would be most helpful.

A: Liefern Sie Artikel 778 in 50-kg-Packungen?

B: Nein, es tut mir Leid, die größte lieferbare Packung hat 30 kg.

A: Gut, dann müssen wir zwei 30-kg-Packungen bestellen.

B: Ja, das wäre sehr hilfreich.

A: Do you have any samples of this item that you could send me?

B: Yes, certainly, but I only have them in brown. Would this be all right?

A: That will be OK for now, we would just like to see how the product looks.

B: I could also send you our catalogue, so that you can see our other materials.

A: Hätten Sie irgendwelche Muster von diesem Artikel, die Sie mir zuschicken könnten?

B: Ja, selbstverständlich, aber ich habe sie nur in braun. Wäre das in Ordnung?

A: Im Moment reicht es, wir wollen nur sehen, wie das Produkt aussieht.

B: Ich könnte Ihnen auch unseren Katalog schicken, damit Sie unsere anderen Materialien sehen können.

A: That would be wonderful.
Thank you.

A: We would be very interested in regularly receiving advertisements concerning special offers.
B: Of course, we can arrange this. Please leave you e-mail address with me and I put you on our mailing list. Our offers are updated weekly.

A: Here's my address: tmistry@talcumind.de.
B: Thank you. You'll receive our advertisement regularly starting next week.

A: Das wäre wunderbar.
Danke.

A: Wir wären sehr daran interessiert, regelmäßig Ankündigungen von Sonderangeboten zu erhalten.
B: Sicher, das können wir einrichten. Bitte geben Sie mir Ihre E-Mail-Adresse und ich setzte Sie auf unsere Mailingliste. Die Angebote werden wöchentlich aktualisiert.

A: Hier ist meine Adresse: tmistry@talcumind.de.
B: Danke. Sie werden ab nächster Woche unsere Angebote regelmäßig erhalten.

Offers

Last week you visited our stand at the Cologne fair and expressed interest in our products.

We noticed your advert (US: ad) in the latest edition of ...

Mr. Davis from Sundale mentioned that you had shown interest in our products.
You were advertising for partners in the European market.
Thank you for your interest.
We would first of all like to tell you something about our company.

We were pleased to hear of your interest in our products, but would like more information as to your specific needs.
We are a company specialising in the production of wooden furniture.

Angebote

Letzte Woche haben Sie unseren Stand auf der Kölner Messe besucht und Interesse an unseren Produkten bekundet.
Wir haben Ihre Anzeige in der letzten Ausgabe von ... zur Kenntnis genommen.
Herr Davis von der Firma Sundale hat erwähnt, dass Sie sich für unsere Produkte interessieren.
Sie haben für Partner im europäischen Markt inseriert.
Vielen Dank für Ihr Interesse.
Wir würden Ihnen zuerst gerne ein bisschen über unsere Firma erzählen.
Wir haben uns über Ihr Interesse an unseren Produkten gefreut, möchten aber genauere Informationen über Ihre speziellen Anforderungen.
Wir sind eine Firma, die auf die Produktion von Holzmöbeln spezialisiert ist.

We are a leading manufacturer of locks for industrial purposes.

We will then be in a position to make an offer based on the required application.

On what terms should we quote?

Should we base our offer on full shipments or on smaller quantities?

The present lead time is ex works three weeks after receipt of firm order.
At the moment there is a tremendous increase in raw material prices, but I'm sure that we can agree on a price.
We offer a quantity discount if the annual quantity exceeds 50 units.

All our prices are quoted in German marks.
You can also make payment in euro.
Our general payment term for overseas business is Letter of Credit, less 3% discount, or cash in advance.
We would of course be delighted to send you our company brochure and some samples.
We will confirm this by fax.
We are pleased to offer as follows:
All our prices are to be understood FOB German port including packing.

Wir sind ein führender Hersteller von Schlössern für industrielle Anwendungen.
Wir werden dann in der Lage sein, Ihnen ein Angebot basierend auf der gewünschten Anwendung zu machen.
Zu welchen Bedingungen sollen wir anbieten?

Sollen wir auf der Basis von vollen Sendungen oder kleineren Mengen anbieten?

Die aktuelle Lieferzeit ab Werk beträgt drei Wochen nach Erhalt des festen Auftrages.
Zurzeit steigen die Rohstoffpreise erheblich an, aber ich bin sicher, dass wir uns preislich einigen können.
Wir bieten einen Mengenrabatt an, falls mehr als 50 Einheiten pro Jahr gekauft werden.

Alle Preise sind in DM-Währung errechnet.
Sie können auch in Euro zahlen.
Unsere allgemeinen Zahlungsbedingungen für Auslandsgeschäfte lauten gegen Akkreditiv, abzüglich 3% Skonto, oder Vorauskasse.
Wir würden Ihnen natürlich gerne eine Firmenbroschüre sowie einige Muster zusenden.
Wir werden dies per Fax bestätigen.
Wir bieten Ihnen frei bleibend an:
Unsere Preise verstehen sich FOB deutscher Hafen einschließlich Verpackung.

FOB steht für "Free on Board". Alle Transportkosten werden vom Auftraggeber übernommen bis die Ware am Bord des Schiffes ist. Die restlichen Frachtkosten trägt der Auftragnehmer.

These prices are based on a minimum quantity of 50 units per order.

Diese Preise basieren auf einer Mindestabnahmemenge von 50 Stück pro Auftrag.

For CIF deliveries we would have to charge an extra 10% on list price.

We hope that we have made you a favourable offer and look forward to hearing from you.
Should we send you further details?

Please visit our homepage. There you can find our latest price lists.

This offer is subject to availability.

Please advise whether this offer is of interest to you.

A: Mr. Davis from Sundale mentioned that you had shown interest in our products.
B: Yes, I saw some of your locks when I visited his premises last week.
A: For what sort of application do you need the locks?
B: For attaché cases.
A: Then I will send you an offer. On what terms should we quote?

B: Please quote based on full lorry (US: truck) loads free German border.
A: For a first order, we could only offer a payment term of Cash against Documents, less 2% discount. For further deliveries we could consider an open payment term.
B: All right, I agree. Could you also let me have some catalogues and a few sample locks?
A: Of course. We will dispatch them this afternoon together with our offer.

Für CIF Lieferungen müssen wir einen Aufschlag von 10% auf den Listenpreis berechnen.
Wir hoffen, Ihnen ein günstiges Angebot gemacht zu haben, und würden uns freuen, von Ihnen zu hören.
Sollen wir Ihnen weitere Informationen zusenden?
Bitte besuchen Sie auch unsere Homepage. Hier finden Sie unsere aktuellsten Preislisten.
Dieses Angebot gilt, solange der Vorrat reicht.
Würden Sie uns bitten mitteilen, ob dieses Angebot für Sie von Interesse ist.

A: Herr Davis von der Firma Sundale hat erwähnt, dass Sie sich für unsere Produkte interessierten.
B: Ja, ich habe einige Ihrer Schlösser gesehen, als ich letzte Woche sein Werk besucht habe.
A: Für welche Art von Anwendung brauchen Sie die Schlösser?
B: Für Aktenkoffer.
A: Dann schicke ich Ihnen ein Angebot zu. Zu welchen Bedingungen sollen wir anbieten?
B: Bitte bieten Sie auf der Basis von vollen LKW-Ladungen frei deutsche Grenze an.
A: Für einen ersten Auftrag können wir nur eine Zahlungskondition Kasse gegen Dokumente, abzüglich 2% Skonto anbieten. Für weitere Lieferungen können wir ein offenes Zahlungsziel berücksichtigen.
B: Einverstanden. Könnten Sie mir auch ein paar Kataloge und einige Musterschlösser zuschicken?
A: Natürlich. Wir schicken sie heute Nachmittag zusammen mit unserem Angebot los.

A: Thank you for your interest in our products. We would be pleased to send you an offer. Should we base this on full shipments or on smaller quantities?
B: Could you send us both?

A: Of course. We do offer a quantity discount if the annual quantity exceeds 50 units.
B: What is the present lead time?
A: Ex works three weeks after receipt of order. We will submit our offer in writing.

A: At the moment we have some items in stock which we would like to clear. We could offer these items at a discount of 15–20% depending on quality. Would this be of interest?

B: What kind of items are they?
A: This material is stock remaining from discontinued lines. Should we send you some samples?
B: Yes, that would be helpful.
A: The material has of course been offered to other customers and is subject to being unsold. Please have a look at the samples and advise whether this offer is of interest to you.

A: Vielen Dank für Ihr Interesse an unseren Produkten. Wir schicken Ihnen gerne ein Angebot zu. Sollen wir auf der Basis von vollen Sendungen oder kleineren Mengen anbieten?
B: Könnten Sie uns beides schicken?
A: Natürlich. Wir bieten einen Mengenrabatt an, falls mehr als 50 Einheiten pro Jahr gekauft werden.
B: Wie ist die aktuelle Lieferzeit?
A: Ab Werk drei Wochen nach Auftragserhalt. Wir werden unser Angebot schriftlich vorlegen.

A: Zurzeit haben wir einige Posten auf Lager, die wir gerne räumen möchten. Wir können diese Posten abhängig von der Qualität zu einem Rabatt von 15–20% anbieten. Wäre dies interessant für Sie?
B: Was für Posten sind das?
A: Dieses Material ist ein Restvorrat an Auslaufmodellen. Sollen wir Ihnen einige Muster zuschicken?
B: Ja, das wäre sehr hilfreich.
A: Das Material ist natürlich auch anderen Kunden angeboten worden und Zwischenverkauf ist vorbehalten. Bitte überprüfen Sie die Muster und sagen Sie mir Bescheid, ob dieses Angebot für Sie interessant wäre.

New developments

We are pleased to announce that this item is now available in three different new versions.
We have developed a new series of machines for the cleaning industry.

We have updated our existing technology.

Neuheiten

Wir freuen uns, Ihnen mitteilen zu können, dass dieser Artikel jetzt in drei neuen Ausführungen lieferbar ist. Wir haben eine neue Reihe von Maschinen für die Reinigungsindustrie entwickelt.
Wir haben unsere jetzige Technologie auf den neuesten Stand gebracht.

We are in the process of developing a new cleaning system.	Wir sind gerade dabei, ein neues Reinigungssystem zu entwickeln.
We have adjusted our machines to better suit the present market requirements.	Wir haben unsere Maschinen geändert, um den aktuellen Anforderungen am Markt besser zu entsprechen.
Would you be interested in seeing some brochures about this material?	Wären Sie daran interessiert, einige Broschüren über dieses Material zu sehen?
Should we send some with your next order?	Sollen wir Ihnen einige mit Ihrem nächsten Auftrag schicken?
We have now appointed a salesman to concentrate on your part of the country.	Wir haben jetzt einen Verkäufer für Ihren Teil des Landes eingestellt.
Could you send us some information on your new product, please?	Könnten Sie uns bitte Informationen zu Ihrem neuen Produkt zusenden?

Das englische Wort "Information" wird grundsätzlich nicht im Plural verwendet. Man sagt also z.B. "could you give me some information about ...".

This will enable you to benefit from on-the-spot service.	Sie werden jetzt die Vorteile des „Vor-Ort-Services" genießen können.
He can be contacted at the following telephone number:	Sie können ihn unter nachfolgender Telefonnummer erreichen:
We have just had our catalogues translated into English, we will let you have some with your next order.	Wir haben unsere Kataloge gerade ins Englische übersetzen lassen, wir schicken Ihnen einige mit Ihrem nächsten Auftrag zu.
We are pleased to inform you that Mr. H. Müller is now responsible for all dealings with your company.	Wir freuen uns, Ihnen mitteilen zu können, dass Herr H. Müller jetzt für Geschäfte mit Ihnen zuständig ist.
We are pleased to announce that you can now place your orders directly per internet. Just go to our homepage and click on "Orders".	Wir freuen uns, Ihnen mitteilen zu können, dass Sie nun Ihre Bestellungen direkt über das Internet durchführen können. Gehen Sie einfach auf unsere Homepage und klicken Sie das Feld „Bestellungen" an.
A: We are pleased to announce that we have updated our existing technology and developed a new series of machines for the cleaning industry.	A: Wir freuen uns, Ihnen mitteilen zu können, dass wir unsere jetzige Technologie auf den neuesten Stand gebracht und eine neue Reihe von Maschinen für die Reinigungsindustrie entwickelt haben.

B: How do these differ from the previous ones?

A: They clean more thoroughly and are more economical. This is something that we have been working on for the last 12 months.

B: Do you know how much they will cost?

A: We will send you more information as soon as we have completed our testing.

A: We are proud to tell you that we have added five new colours (US: colors) to our range.

B: What kind of colours?

A: Five new pastel colours. These were actually developed for the American market, but they were so successful that we have decided to extend them to other markets.

B: Please send me more details.

A: You can also go to our homepage. There we have even samples of all our colours.

A: We have extended our range to include accessories and belts.

B: That sounds interesting.

A: We have catalogues showing this new range and would be more than happy to send you one.

B: Yes, that would be great.

A: Samples of these new items will be available in a few days. Have a look through the catalogue and then we can forward some.

A: We are now in a position to offer a more comprehensive service, as we have just opened a second office in Cologne.

B: Wie unterscheiden sie sich von den vorherigen?

A: Sie reinigen gründlicher und sind wirtschaftlicher. Daran haben wir seit zwölf Monaten gearbeitet.

B: Wissen Sie wie viel sie kosten werden?

A: Wir schicken Ihnen mehr Informationen zu, sobald wir unsere Tests beendet haben.

A: Wir sind stolz, Ihnen mitteilen zu können, dass wir fünf neue Farben in unsere Produktpalette aufgenommen haben.

B: Was für Farben?

A: Fünf neue Pastelltöne. Diese wurden eigentlich für den amerikanischen Markt entwickelt, aber sie waren so erfolgreich, dass wir uns entschieden haben, sie auch auf anderen Märkten zu vertreiben.

B: Bitte schicken Sie mir nähere Informationen zu.

A: Sie können auch unsere Homepage besuchen. Wir haben dort sogar Muster aller unserer Farben.

A: Wir haben unsere Palette jetzt um Accessoires und Gürtel erweitert.

B: Das klingt interessant.

A: Wir haben Kataloge, die unsere neue Reihe zeigen und würden Ihnen sehr gerne einen zuschicken.

B: Ja, das wäre gut.

A: Muster dieser neuen Artikel werden in ein paar Tagen verfügbar sein. Sehen Sie sich den Katalog an, und dann können wir Ihnen welche zusenden.

A: Wir sind jetzt in der Lage, Ihnen einen umfassenderen Service anzubieten, da wir jetzt ein zweites Büro in Köln geöffnet haben.

B: Where is this office situated?
A: In the city centre (US: center), not far from the main post office. The office is open daily from 9 a.m. to 5 p.m.

A: We are pleased to inform you that we now have a representative in the United States.
B: In which part of the country?
A: On the East Coast, not far from Boston.
B: How will this affect the present situation?
A: You will order as you always do, but they will arrange for customs clearance and domestic transport from within the USA.
B: This will be a great help for us, can you let us have their name and address?

B: Wo befindet sich dieses Büro?
A: In der Stadtmitte nicht weit vom Hauptpostamt. Das Büro ist täglich von 9–17 Uhr geöffnet.

A: Wir freuen uns, Ihnen mitteilen zu können, dass wir jetzt eine Vertretung in den Vereinigten Staaten haben.
B: In welchem Teil des Landes?
A: An der Ostküste, nicht weit von Boston.
B: Wie wird sich das auf die aktuelle Situation auswirken?
A: Sie bestellen wie üblich, aber die Verzollung und der Inlandstransport werden in den USA arrangiert.

B: Das wird uns sehr helfen, können Sie uns bitte den Namen und die Adresse dieser Firma geben?

Prices

Preise

What is your current list price for item 472?

Wie ist der aktuelle Listenpreis für Artikel 472?

Besonders zu beachten sind die "false friends" (falsche Freunde) der englischen Sprache. „Aktuell" wird nicht mit "actual" übersetzt, sondern mit "current/present" (actual = eigentlich/tatsächlich). Die aktuelle Preisliste heißt demnach "the latest price list", die aktuelle Marktsituation "the present market situation". Das Wort „eventuell" wird auch oft falsch übersetzt als "eventually". Die richtige Übersetzung ist "possible" (eventually = schließlich). Eine eventuelle Preiserhöhung ist also "a possible price increase".

Our latest price list is from January of last year.
Would you be able to accept an order for 400 kg at the 500-kg price?
Could you guarantee that you will take this quantity?
We would then have to reduce the commission from 5% to 4%.

Unsere letzte Preisliste ist vom Januar letzten Jahres.
Können Sie einen Auftrag über 400 kg zum 500-kg-Preis annehmen?
Können Sie garantieren, dass Sie diese Menge abnehmen?
Wir müssten die Provision dann von 5% auf 4 % reduzieren.

Our prices include 5% commission which will be paid monthly as agreed.

Commission will be paid on all orders.
The prices are subject to change.
At the moment the exchange rate is very weak, could you grant a currency rebate?
Unfortunately we have no other choice than to increase our prices.
The increasing costs of raw materials make it impossible for us to hold our prices any longer.
The costs of the required environmental measures force us to adjust our prices accordingly.

We are, however, prepared to guarantee these prices until the end of this year.
After that time we would have to reconsider the cost situation.
Considering the near date of the European Currency Union in 1999 we also accept payment in euro.

Please keep exchange rates in mind when paying in euro.

A: Would you be able to accept an order for 400 at the 500-kg price?
B: Only if really necessary, we like to keep to the price list.
A: Could we then place a larger order with call off to achieve a cheaper price?
B: How big would the order be?
A: About 2,500 kg.

Unsere Preise verstehen sich einschließlich 5% Provision, die, wie vereinbart, monatlich bezahlt wird.
Eine Provision wird auf alle Aufträge bezahlt.
Die Preise sind frei bleibend.
Zurzeit ist der Währungskurs sehr schlecht, können Sie uns einen Währungsrabatt gewähren?
Leider bleibt uns nichts anderes übrig, als unsere Preise zu erhöhen.
Die zunehmenden Kosten für Rohstoffe lassen nicht zu, dass wir unsere Preise weiter halten können.
Die Kosten der erforderlichen Umweltmaßnahmen zwingen uns dazu, unsere Preise entsprechend zu korrigieren.
Wir sind jedoch in der Lage, diese Preise bis Jahresende zu garantieren.
Nach dieser Zeit müssen wir die Kostensituation neu überdenken.
In Anbetracht des nahen Datums der europäischen Währungsunion im Jahr 1999 akzeptieren wir auch Zahlungen in Euro.
Bitte bedenken Sie die Wechselkurse, wenn Sie in Euro bezahlen.

A: Können Sie einen Auftrag über 400 kg zum 500-kg-Preis annehmen?
B: Nur wenn zwingend notwendig, wir halten uns lieber an die Preisliste.
A: Können wir dann einen größeren Auftrag auf Abruf erteilen, um einen billigeren Preis zu bekommen?
B: Wie groß wäre der Auftrag?
A: Ungefähr 2.500 kg.

Bei Zahlen werden im Englischen Komma und Punkt genau umgekehrt verwendet so wird eintausendfünfhundertfünfzig Pfund und zwanzig Pence 1,550.20 geschrieben – wo im Deutschen ein Komma gesetzt wird, steht hier ein Punkt und umgekehrt.

B: Could you guarantee that you will really take this quantity?
A: Yes, this is a large project.
B: OK, but we would have to draw up an agreement that the quantity will be called off within 9 months.

A: At the moment the exchange rate is very weak, could you grant us a currency rebate?
B: How much would you need?
A: We would need at least 5%. The peseta has lost 10% against the German mark. This means for us an indirect price increase of 10%.

B: Let me talk it over with my boss and get back to you.

A: Our price list has now been in effect for three years. It is time to bring our prices up to date.

B: This will weaken our market position considerably.
A: Unfortunately we have no other choice. The costs of the required environmental measures force us to adjust our prices accordingly.

B: Will this be the only increase this year?
A: Yes, we are prepared to guarantee our prices until the end of March next year.
B: Would you also be willing to accept payments in euro?
A: Yes, considering the near date of the European Currency Union, we would. But please keep the exchange rates in mind when placing your order.

B: Können Sie garantieren, dass Sie diese Menge wirklich abnehmen?
A: Ja, es ist ein großes Projekt.
B: OK, aber wir müssten eine Vereinbarung aufsetzen, dass die Menge innerhalb von 9 Monaten abgerufen wird.
A: Zurzeit ist der Währungskurs sehr schlecht, können Sie uns einen Währungsrabatt gewähren?
B: Wie viel würden Sie brauchen?
A: Wir würden mindestens 5% brauchen. Die Peseta hat gegenüber der Deutschen Mark 10% verloren. Das bedeutet für uns eine indirekte Preiserhöhung von 10%.
B: Lassen Sie mich mit meinem Chef reden, dann melde ich mich wieder.

A: Unsere Preisliste ist jetzt schon seit drei Jahren gültig. Es ist an der Zeit, unsere Preise wieder zu aktualisieren.
B: Dies wird unsere Marktposition erheblich schwächen.
A: Leider bleibt uns nichts anderes übrig. Die Kosten der erforderlichen Umweltmaßnahmen zwingen uns dazu, unsere Preise entsprechend zu korrigieren.
B: Wird es die einzige Erhöhung in diesem Jahr sein?
A: Ja, wir sind bereit, unsere Preise bis Ende März nächsten Jahres zu garantieren.
B: Wären Sie auch bereit, Zahlungen in Euro zu akzeptieren?
A: Ja, in Anbetracht der Nähe der europäischen Währungsunion wären wir dazu bereit. Aber bitte bedenken Sie bei Ihrer Bestellung die Wechselkurse.

Orders

We would like to place an order.
Enclosed our firm order for ...

May we confirm the following order:

We are pleased to order as follows:
Please accept the following order:
5 cartons of item 4567 in colour
navy blue. Price as per our current
price list dated November 15th,
1996. Including 5% discount as
usual.
Our commission for this order would
be 4%.
Price as per your offer dated
September 5th, 1997.
Delivery, as agreed on the telephone, on December 7th ex works.

Bestellungen

Wir möchten einen Auftrag erteilen.
Anbei unser verbindlicher Auftrag
über ...

Hiermit bestätigen wir den folgenden Auftrag:

Wir freuen uns, wie folgt zu bestellen:
Bitte nehmen Sie folgenden Auftrag
an: 5 Kartons von Artikel 4567 in
Farbe marineblau. Preis gemäß
unserer aktuellen Preisliste vom
15. November 1996. Einschließlich
5% Rabatt wie üblich.
Unsere Provision für diesen Auftrag
wäre 4%.
Preis gemäß Ihrem Angebot vom
5. September 1997.
Lieferung, wie telefonisch besprochen, am 7. Dezember ab Werk.

Bei Ordnungszahlen ist zu beachten, dass die ersten drei Nummern ihre ei-
gene Form haben, z.B. Erste "first" oder "1st", Zweite "second" oder "2nd",
Dritte "third" oder "3rd", ab vier wird die Zählform mit "th" geschrieben, "4th,
5th, etc". Achtung, bei höheren Nummern gilt die gleiche Regel: "21st, 22nd,
23rd etc".

Term of delivery FCA Munich as
previous.
Please fly this order to New York
and bill us for the freight.

Please confirm in writing.
Please confirm dispatch date by
return fax immediately.

Lieferbedingung FCA München, wie
zuvor.
Bitte schicken Sie den Auftrag nach
New York und stellen Sie uns die
Fracht in Rechnung.

Bitte bestätigen Sie dies schriftlich.
Bitte bestätigen Sie den Versandtermin sofort per Fax.

Bestellungen und Anfragen per E-Mail funktionieren im Prinzip genauso wie
andere schriftliche Bestellungen. Der Vorteil ist, dass der Informationsfluss
erheblich schneller ist als bei der normalen Post, die deshalb im Englischen
auch "snail mail" (snail = Schnecke) genannt wird. Direkte, kurze Anfragen
bzw. Rückfragen sind ebenso möglich wie prompte Antworten. Auch hier
müssen jedoch, wie beim normalen Briefwechsel, die Umgangsformen be-
achtet werden. Bei einer ersten Kontaktaufnahme sollten Sie deshalb immer
erwähnen, woher Sie die E-Mail-Adresse des Empfängers haben. Neben
dem eigentlichen Brief können auch größere Dokumente mitgeschickt werden, als so genannte "attachments", die an die E-Mail „angehängt" werden.

Please be sure to supply this item as per our previous order.	Bitte achten Sie darauf, dass dieser Artikel gemäß vorherigem Auftrag geliefert wird.
We have an order from a new customer.	Wir haben einen Auftrag von einem neuen Kunden.
This is a new account.	Es handelt sich um einen Neu-kunden.

Wer die Kurzform des Datums angeben möchte, muss aufpassen, denn wer einer amerikanischen Firma den 4.2. als Liefertermin angibt, könnte am 4. Februar vergebens auf seine Ware warten, weil sein Ansprechpartner in den USA mit dem 2. April rechnet. In den USA wird das Kurzdatum „Monat/Tag/Jahr" geschrieben (durch Schrägstriche getrennt), in Großbritannien schreibt man wie im Deutschen Tag.Monat.Jahr, durch Punkte getrennt. Um Verwechslungen zu vermeiden sind deshalb viele Firmen im internationalen Schriftverkehr dazu übergegangen, den Monatsnamen auszuschreiben, wie beispielsweise September 7th 1997 oder 7 September 1997.

A: We would like to place an order.	A: Wir möchten einen Auftrag erteilen.
B: Yes, for which item?	B: Ja, für welchen Artikel?
A: For five cartons of item 4567.	A: Für fünf Kartons von Artikel 4567.
B: In which colour?	B: In welcher Farbe?
A: Navy blue.	A: Marineblau.
B: Price would be as per our current price list dated November 15th.	B: Der Preis entspricht unserer aktuellen Preisliste vom 15. November.
A: No, I spoke to Mr. Jones yesterday and we agreed on a price of DM 5.20 less the usual 5% discount.	A: Nein, ich habe gestern mit Herrn Jones gesprochen, und wir haben uns auf einen Preis von DM 5,20 geeinigt, abzüglich der üblichen 5% Rabatt.
B: I'll have to check with him.	B: Ich muss es mit ihm abklären.
A: Please fly this order to New York and bill us for the freight.	A: Bitte fliegen Sie diesen Auftrag nach New York und stellen Sie uns die Fracht in Rechnung.
B: OK, fine.	B: Gut, alles klar.
A: Could you please confirm dispatch date and price by return fax?	A: Bitte bestätigen Sie uns den Versandtermin und den Preis sofort per Fax.
B: Of course, after I have spoken to Mr. Jones.	B: Natürlich, sobald ich mit Herrn Jones gesprochen habe.

A: Please note the following order for 300 yards of material with the pattern name "Jasmine". Price as per your offer dated September 5th, including commission of 4%.

B: Thank you, yes, I'll make a note of it. The usual delivery term?
A: Yes, FOB German port.
B: OK, I'll confirm in writing.

A: This is an important new customer, please send your best quality material.
B: I'll make a note on the order.
A: Could you please also add to this order a sample book and some samples of your material "Primrose"?
B: Of course.
A: Please mark the samples F.A.O. (US: Attn.) Mr. Matthews.

A: Bitte notieren Sie folgenden Auftrag über 300 Yards vom Stoff mit dem Musternamen „Jasmine". Preis gemäß Ihrem Angebot vom 5. September, einschließlich Provision von 4%.

B: Danke, ich werde es notieren. Die übliche Lieferbedingung?
A: Ja, FOB deutscher Hafen.
B: Gut, ich bestätige schriftlich.

A: Es handelt sich um einen wichtigen Neukunde, bitte schicken Sie Material von bester Qualität.
B: Ich notiere es auf dem Auftrag.
A: Können Sie bitte diesem Auftrag ein Musterbuch und einige Muster Ihres Materials "Primrose" beifügen?
B: Selbstverständlich.
A: Bitte markieren Sie die Muster zu Händen von Herrn Matthews.

F.A.O. ist die Abkürzung für "for attention of" und wird wie das deutsche „zu Händen von" verwendet.

Order confirmation

We have just received your fax and can confirm the order as stated.

Confirm that this material will be dispatched with tomorrow's shipment.
Confirm price as per our offer dated November 15th.
We received your e-mail concerning the order of article 289 in colour yellow this morning and would like to confirm this order as stated.
We confirm your e-mail order dated June 2nd.
We have attached our current price list.

Auftragsbestätigung

Wir haben gerade Ihr Fax erhalten und können den Auftrag so bestätigen.
Wir bestätigen, dass dieses Material mit der morgigen Lieferung verschickt wird.
Wir bestätigen den Preis gemäß unserem Angebot vom 15. November.
Wir haben Ihre E-Mail, die Bestellung über Artikel 289 in gelb, heute Morgen erhalten und möchten sie hiermit so bestätigen.
Wir bestätigen Ihre Bestellung per E-Mail vom 2. Juni.
Unsere aktuelle Preisliste haben wir angehängt.

A: We are pleased to confirm the order as per your fax dated May 15th.
B: How many chairs will the container hold?
A: The maximum load is 100 chairs.

B: What is your present price?
A: Confirm 100 chairs at a price of DM 30 each. The container will be loaded on June 1st for shipment ex German port on June 4th, ETA Washington on June 18th.

B: Thank you. Could you put this in writing for me?
A: Of course, could you also confirm the forwarding agents for us?
B: I'll fax this through.

A: Wir freuen uns, den Auftrag gemäß Ihrem Fax vom 15. Mai zu bestätigen.
B: Wie viele Stühle passen in den Container?
A: Die maximale Auslastung ist 100 Stühle.

B: Wie sind Ihre aktuellen Preise?
A: Wir bestätigen 100 Stühle zu einem Preis von DM 30,– pro Stück. Der Container wird am 1. Juli geladen für Verschiffung ab deutscher Hafen am 4. Juni, ETA Washington am 18. Juni.

B: Danke. Können Sie mir dies schriftlich geben?
A: Natürlich, können Sie uns bitte auch die Spediteure bestätigen?
B: Ich faxe es durch.

ETA ist die Abkürzung für "Estimated Time of Arrival" = voraussichtlicher Ankunftstermin. ETD steht für "Estimated Time of Departure" = voraussichtlicher Abgangstermin.

Fairs and exhibitions

Next month there is an exhibition at Munich.
We would like to be presented at the "CEBIT Home", next year.
Last year our company had a stand on the first floor.
The main attractions of the fair will be found in hall no. 7.
We had to rent a booth at the "New York Spring Fair".

It would be good for our company if we could exhibit in hall 1.

Messen und Ausstellungen

Nächsten Monat ist eine Ausstellung in München.
Wir wären gerne auf der "CEBIT Home" nächstes Jahr vertreten.
Letztes Jahr hatte unsere Firma einen Stand im Erdgeschoss.
Der Hauptattraktionen der Messe werden in Halle Nr. 7 zu finden sein.
Wir mussten auf der „New Yorker Frühlingsmesse" einen Stand mieten.

Es wäre gut für unsere Firma, wenn wir in Halle 1 ausstellen könnten.

Stockwerke werden in Europa und Amerika anders gezählt: das amerikanische Erdgeschoss, "ground floor", ist gleichzeitig auch "first floor". Die Nummerierung beginnt mit dem Erdgeschoss. In Europa dagegen entspricht das Erdgeschoss dem „0." Stockwerk, die Zählung fängt erst mit dem darüberliegenden ersten Stock an, welcher bei den Amerikanern schon der "second floor", der zweite Stock ist.

A: We would like to exhibit at the "CEBIT Home" fair in April 1998. Could you please send us an application form?

B: Of course, in which hall were you thinking of exhibiting?

A: Would it be possible to exhibit in hall 4?

B: That hall is very popular, make a note on the form and I will see what I can do.

A: Thank you.

B: How large should the stand be?

A: Large enough to fit three coffee tables and twelve chairs.

B: Then tick (US: check) the box for size B.

A: Could you provide us with refreshments?

B: We will send all the details with the form.

A: Fine. And how about accommodation?

B: We have three hotels on site, I will send the brochures as well. But be sure to book early!

A: We will be at the "Ideal Home Exhibition" next month. We are exhibiting there for the first time.

B: Where will you be?

A: We have a stand in hall 6 on the second floor (US: third floor = 2. Stock). Will you be there too?

B: Yes, but I'm not sure exactly when.

A: Wir möchten gerne auf der "CEBIT Home" im April 1998 ausstellen. Könnten Sie uns bitte ein Anmeldeformular zusenden?

B: Natürlich, in welcher Halle möchten Sie ausstellen?

A: Wäre es möglich, in Halle 4 auszustellen?

B: Diese Halle ist sehr beliebt, notieren Sie es auf dem Formular, und ich werde sehen, was sich machen lässt.

A: Vielen Dank.

B: Wie groß soll der Stand sein?

A: Groß genug, dass drei Bistrotische und zwölf Stühle Platz haben.

B: Dann kreuzen Sie das Kästchen für Größe B an.

A: Können Sie Erfrischungen für uns organisieren?

B: Wir werden alle Details mit dem Formular schicken.

A: In Ordnung. Und wie ist es mit der Unterkunft?

B: Wir haben drei Hotels auf dem Gelände, ich schicke Ihnen dann auch die Broschüren mit. Aber reservieren Sie rechtzeitig!

A: Wir werden nächsten Monat auf der „Ideal Home Exhibition" sein. Wir stellen dort zum ersten Mal aus.

B: Wo werden Sie sein?

A: Wir haben einen Stand in Halle 6 im zweiten Stock. Werden Sie auch dort sein?

B: Ja, aber ich weiß nicht genau wann.

A: Come along and visit us. I will be at the stand on Wednesday and Thursday and my colleague Frank Marshall will be there on Friday and Saturday.
B: OK, I'll try and stop by on Wednesday or Thursday. I don't really know Frank very well.

A: Good morning, may I give you one of our catalogues? Would you like to see some of our products, I have some here.
B: Thank you. What are your products used for?
A: Here are some of the finished products. Would you like to take a seat?
B: Thank you.
A: Can I offer you anything, a cup of coffee maybe?
B: Yes, that would be nice. I would like to discuss the situation in the British market. Maybe we can meet afterwards at the coffee shop in hall 4.
A: Yes, OK. At the moment it's quite busy here.
A: Could you send me further details?
B: Yes, of course. If you leave me your business card, I will see that you are sent a quotation and a few brochures when we return to the office on Monday.

A: Kommen Sie uns einfach besuchen. Ich werde am Mittwoch und Donnerstag am Stand sein und mein Kollege Frank Marshall am Freitag und Samstag.
B: Gut, ich werde versuchen, am Mittwoch oder Donnerstag vorbeizuschauen. Ich kenne Frank nicht so gut.
A: Guten Morgen, möchten Sie einen unserer Kataloge? Möchten Sie sich einige unserer Produkte ansehen, ich habe welche hier.
B: Danke. Wofür werden Ihre Produkte benutzt?
A: Hier sind einige der Fertigprodukte. Möchten Sie Platz nehmen?
B: Danke.
A: Kann ich Ihnen irgendetwas anbieten, eine Tasse Kaffee vielleicht?
B: Ja, das wäre sehr freundlich. Ich würde gerne mit Ihnen die Situation auf dem britischen Markt diskutieren. Vielleicht können wir uns nachher im Café in Halle 4 treffen?
A: Ja, Gut. Zurzeit ist viel los hier.

A: Können Sie mir weitere Details zuschicken?
B: Ja, natürlich. Wenn Sie mir Ihre Visitenkarte geben, werde ich dafür sorgen, dass Sie ein Angebot und ein paar Broschüren erhalten, wenn wir am Montag wieder im Büro sind.

Auch bei der amerikanischen und europäischen Schreibweise einiger Zahlen (vor allem wichtig beim Schreiben von Hand) gibt es wichtige Unterschiede: Amerikaner schreiben die Zahl „Eins" als einfachen geraden Strich, der „Sieben" fehlt der kurze Querstrich. Für Amerikaner ist es daher oft schwierig, wenn nicht sogar unmöglich, eine europäische „Eins" von einer amerikanischen „Sieben" zu unterscheiden.

IV. Auftragsabwicklung

Transport and Forwarding

How should we forward this order?

Should we ship to Singapore as usual?
It is possible for us to load this order tomorrow, otherwise it will be next week.
Please go ahead with dispatch tomorrow.
We could dispatch this on Thursday for shipment in a 20' container. ETA Busan Port on May 15th.

The lorry (US: truck) arrived in London yesterday at 4 p.m., but there was no one there to accept the goods.
We will be charged for the second delivery.
Is a specific forwarding agent named ?
As we are delivering CIF Dublin, we reserve the right to choose the forwarder.
This forwarding agent has increased his rates, we are looking for another partner.
We will send a trial shipment with this forwarder next week, please keep us informed about the service.

The order was due to leave tomorrow, but the forwarders haven't any lorries available.
The lorry has been held up at the border, as the customs officers are on strike.

Transport- und Versandwesen

Wie sollen wir diesen Auftrag verschicken?
Sollen wir wie üblich nach Singapur verschiffen?
Wir haben eine Möglichkeit, diesen Auftrag morgen zu verladen, ansonsten in der nächsten Woche.
Bitte schicken Sie dies morgen weg.
Wir könnten es am Donnerstag wegschicken, für Verschiffung in einem 20' Container. ETA Busan Hafen am 15. Mai.
Der Lkw kam gestern um 16 Uhr in London an, aber es war niemand da, um die Ware entgegenzunehmen.
Man wird uns die zweite Zustellung berechnen.
Wird ein bestimmter Spediteur genannt?
Da wir CIF Dublin liefern, behalten wir uns das Recht vor, den Spediteur auszusuchen.
Dieser Spediteur hat die Raten erhöht, wir suchen nach einem anderen Partner.
Wir werden nächste Woche eine Probelieferung mit diesem Spediteur schicken, bitte halten Sie uns auf dem Laufenden über den Service.
Der Auftrag sollte morgen weggehen, aber die Spediteure haben keine LKWs verfügbar.
Der LKW ist an der Grenze aufgehalten worden, da die Zollbeamten zurzeit streiken.

On Sundays and public holidays HGVs are banned from the motorways (US: highways), and so this will hold things up even longer. All HGVs have to pay motorway (US: highway) tolls.	An Sonn- und Feiertagen haben LKWs auf Autobahnen Fahrverbot, was alles noch weiter verzögern wird. Alle LKWs müssen Autobahngebühren bezahlen.

„HGV" ist die britische Abkürzung für "Heavy Goods Vehicle" (Lastkraftwagen). Der britische "lorry" entspricht dem amerikanischen "truck".

The necessary repair work was not finished on time. We will now have to send this material on the ship next week.	Die notwendigen Reparaturarbeiten wurden nicht rechtzeitig beendet. Wir werden das Material jetzt mit dem Schiff nächste Woche schicken müssen.
This ship will only take nine days.	Dieses Schiff hat eine Laufzeit von nur neun Tagen.
Is there really no quicker alternative? We will forward the bill of lading as soon as possible to speed up the customs clearance at your end.	Gibt es wirklich keine schnellere Alternative? Wir werden das Konnossement sofort weiterleiten, um bei Ihnen die Verzollung zu beschleunigen.

Die Mehrzahl von "bill of lading" ist "bills of lading", obwohl es als "B/Ls" abgekürzt wird.

Could you send us a box by air freight? They have quoted us DM 3.20 per kg.	Könnten Sie uns eventuell einen Karton per Luftfracht schicken? Sie haben uns DM 3,20 pro kg angeboten.
This airline has increased its prices, should we try another? We are still awaiting the airway bill.	Diese Fluglinie hat die Preise erhöht, sollen wir eine andere probieren? Wir erwarten immer noch den Luftfrachtbrief.
As this is an inner-community purchase we would need your VAT registration number. We have checked with the Federal Finance Office in Saarlouis, but they have no record of your company under this name and address. The pallets were broken and the goods were damaged on arrival.	Da es sich um einen Kauf innerhalb der EU handelt, brauchen wir Ihre Umsatzsteuer-Identifikationsnummer. Wir haben beim Bundesamt für Finanzen in Saarlouis nachgefragt, aber Sie werden nicht unter diesem Namen und dieser Adresse geführt. Die Paletten waren kaputt, und die Ware war bei der Ankunft bereits beschädigt.

The shrink wrapping came open.
The boxes were not properly sealed. The material was wet on opening.
Please contact the forwarding agent in England.
The consignment was not insured at our end.
Please get in touch with this insurance broker.
Please have the damage assessed. Then we can hand in the claim.

Die Schrumpfverpackung war offen.
Die Kartons waren nicht richtig verschlossen. Das Material war beim Öffnen nass.
Bitte setzen Sie sich mit dem Spediteur in England in Verbindung.
Die Sendung war bei uns nicht versichert.
Bitte setzen Sie sich mit diesem Versicherungsmakler in Verbindung.
Bitte lassen Sie den Schaden schätzen. Dann können wir den Schadensanspruch einreichen.

A: It is possible for us to load this order tomorrow, otherwise it will be next week.
B: No, I can't wait that long, please go ahead with dispatch tomorrow.

A: Wir haben die Möglichkeit, diesen Auftrag morgen zu verladen, ansonsten erst in der nächsten Woche.
B: Nein, so lange kann ich nicht warten, bitte schicken Sie diesen Auftrag morgen weg.

A: This consignment was due to leave tomorrow, but the forwarders haven't any lorries available.
B: When is the next possibility?
A: On Monday morning, this will cause a delay of three days.

A: Diese Sendung sollte morgen abgehen, aber die Spediteure haben keine LKW verfügbar.
B: Wann ist die nächste Möglichkeit?
A: Am Montagmorgen, dies wird eine Verzögerung von drei Tagen verursachen.

B: That will be all right, I will inform my customer straight away.

B: Das wird in Ordnung sein, ich werde meinen Kunden sofort informieren.

A: This order has arrived in Hamburg, but we cannot clear it through customs, as we are missing the commercial invoice.
B: We sent this threefold with the shipment, they must have got lost.

A: Dieser Auftrag ist in Hamburg angekommen, aber wir können die Ware nicht verzollen, da die Handelsrechnung fehlt.
B: Wir haben sie der Sendung in dreifacher Ausführung beigelegt, sie muss verloren gegangen sein.

A: Could you fax one through directly to our customs broker?
A: Please put this and the other two orders in a 20' Container.

A: Können Sie bitte eine direkt an unseren Zollagenten durchfaxen?
A: Können Sie bitte diesen und die anderen zwei Aufträge in einen 20'-Container laden?

B: This really isn't quite enough for a container.	B: Es ist eigentlich nicht genug für einen Container.
A: We would be prepared to pay the difference between consolidated and full shipment, as this speeds up the customs clearance.	A: Wir wären bereit, den Unterschied zwischen Stückgut und Vollcontainer zu bezahlen, da die Zollabwicklung damit beschleunigt wird.
B: Fine. Could you give me the name and address of your forwarding agent?	B: In Ordnung. Könnten Sie mir bitte den Namen und die Adresse Ihres Spediteurs mitteilen?
A: We are sorry to inform you that the order was not loaded on the MS "Marie" as planned.	A: Wir müssen Ihnen leider mitteilen, dass der Auftrag nicht wie geplant auf die MS „Marie" geladen wurde.
B: What happened?	B: Was ist passiert?
A: The necessary repair work was not finished on time. We will now have to send this material on the ship next week, but this will only take nine days.	A: Die notwendigen Reparaturarbeiten wurden nicht rechtzeitig fertig. Wir werden das Material jetzt mit dem Schiff nächste Woche schicken müssen, aber dieses hat eine Laufzeit von nur neun Tagen.
B: Is there really no quicker alternative?	B: Gibt es wirklich keine schnellere Alternative?
A: No, I'm sorry. We will forward the bill of lading as soon as possible to speed up the customs clearance at your end.	A: Nein, es tut mir Leid. Wir werden das Konnossement sofort weiterleiten, um bei Ihnen die Verzollung zu beschleunigen.
A: Unfortunately the goods are still at Frankfurt airport. The freight space was double-booked.	A: Die Ware ist leider noch am Frankfurter Flughafen. Der Frachtraum war doppelt gebucht.
B: When can they now be flown?	B: Wann kann sie jetzt geflogen werden?
A: On Saturday, we can get a better rate for a weekend flight.	A: Am Samstag, wir bekommen bessere Raten für einen Wochenendflug.
B: What would this cost?	B: Was würde es kosten?
A: They have quoted us DM 3.20 per kg.	A: Sie haben uns DM 3,20 pro kg angeboten.

Payment and Banking

cash in advance
cash on delivery (COD)
cash against documents (CAD)
Sixty days after date of invoice, net.

Today we have received a limit of
DM 50,000. The order will be
shipped with payment term 30 days
after date of invoice, net.

No limit was granted.
We need a bank guarantee.
The pro forma invoice will be faxed.
When the invoice is paid, we will
arrange for the goods to be sent.
Payable immediately after receipt of
the goods.
Please open the L/C as follows:
Part shipments allowed. Tolerance
of 5% for quantity and amount.
Latest date of shipment:
31.07.1998.
Would it be possible to issue the
invoice in US dollars?
It is our company policy only to
invoice in German marks.
What is your usual payment term?

We could offer you cash in advance
less 3% discount.

A: Would it be possible to amend
the term of payment to 60 days after
date of invoice, net?
B: In this case, we would have to
apply for credit insurance and a
credit limit.
A: Could you apply and let me know
what happens?

Zahlungen und Bankwesen

Vorauskasse
Per Nachnahme
Kasse gegen Dokumente
Sechzig Tage nach Rechnungs-
datum, netto.

Heute haben wir ein Limit in Höhe
von DM 50.000 erhalten. Wir werden
den Versand des Auftrages vorneh-
men mit Zahlungsbedingung 30 Tage
nach Rechnungsdatum, netto.
Es wurde kein Limit gewährt.
Wir benötigen eine Bankgarantie.
Die Proformarechnung wird gefaxt.
Nachdem die Rechnung bezahlt ist,
werden wir den Versand vornehmen.
Zahlbar sofort nach Erhalt der
Ware.
Bitte eröffnen Sie den L/C wie folgt:
Teillieferungen erlaubt, Toleranz-
bereich von 5% für Menge und
Betrag. Verschiffung spätestens am:
31. 07. 1998.
Wäre es möglich, die Rechnung in
US Dollar auszustellen?
Es entspricht unserer Firmenpolitik,
nur in Deutschen Mark zu fakturieren.
Wie ist Ihre übliche Zahlungsbedin-
gung?
Wir könnten Ihnen Vorauskasse
abzüglich 3% Skonto anbieten.

A: Wäre es möglich, die Zahlungskondition auf 60 Tage nach Rechnungsdatum, netto, abzuändern?
B: In diesem Fall müssten wir eine
Kreditversicherung und ein Limit
anfordern.
A: Könnten Sie ein Limit beantragen
und mir Bescheid sagen, was passiert?

Reminders

I'm ringing to enquire about .../
I'm calling regarding ...
We are still waiting for ...
We have not yet received ...

This order was due to dispatch on ...

When placing the order we were assured that it would be ready on time.
Can you tell me/give me any idea when ...?
I have this order entered in my schedule for dispatch on ...

We are now planning to dispatch this material on ...
At the moment we are experiencing production difficulties because of ...
We were not able to complete the order any earlier due to a lack of parts/raw materials/manpower.

We're in urgent need of the goods.

This will cause us problems.

Is there any chance of ...?
Could you maybe dispatch part of the order?
This order is to be shipped to our customer in France next week.

Our schedules are very tight.

Let me check again with ...

I'll get back to you.
If we don't receive the material on time this will cause us contractual problems.

Mahnungen

Ich rufe an wegen ...

Wir warten immer noch auf ...
Wir warten immer noch auf .../Wir haben ... immer noch nicht bekommen.
Dieser Auftrag sollte am ... zum Versand kommen.
Als wir den Auftrag erteilt haben, hat man uns versichert, dass er rechtzeitig fertig werden würde.
Können Sie mir sagen, wann ...?
Ich habe diesen Auftrag in meiner Terminliste für Versand am ... eingetragen.
Wir haben den Versand dieses Materials jetzt für den ... eingeplant.
Zur Zeit haben wir Produktionsprobleme wegen ...
Wir konnten diesen Auftrag wegen einem Mangel an Teilen/Rohstoffen/Arbeitskräften leider nicht früher fertig stellen.
Wir brauchen die Ware ganz dringend.
Das wird bei uns Probleme verursachen.
Gibt es irgendeine Möglichkeit ...?
Könnten Sie eventuell eine Teillieferung vornehmen?
Dieser Auftrag soll nächste Woche an unseren Kunden in Frankreich geschickt werden.
Unsere Produktionszeitpläne sind sehr ausgebucht.
Lassen Sie mich noch einmal mit ... reden.
Ich melde mich wieder bei Ihnen.
Wenn wir das Material nicht pünktlich erhalten, wird dies zu vertragsrechtlichen Problemen führen.

We really must insist that the goods be dispatched tomorrow.	Wir müssen wirklich darauf bestehen, dass die Ware morgen zum Versand kommt.
Could you get back to me?	Könnten Sie mich bitte zurückrufen?
This order now has top priority.	Dieser Auftrag hat jetzt erste Priorität.
This invoice has actually been overdue for payment for ... days.	Diese Rechnung ist eigentlich seit ... Tagen überfällig.
We seem to have overlooked this invoice.	Wir haben diese Rechnung anscheinend übersehen.
We'll send you a cheque (US: check) this afternoon.	Wir schicken Ihnen heute Nachmittag einen Scheck.
The cheque must have got lost in the post (US: mail).	Der Scheck muss in der Post verloren gegangen sein.
Our records show that the invoice still has not been paid.	Laut unseren Unterlagen ist die Rechnung noch offen.
We actually paid the invoice last week, I will contact our bank and see why the payment has been delayed.	Wir haben die Rechnung eigentlich schon letzte Woche bezahlt. Ich werde mich mit unserer Bank in Verbindung setzen, um festzustellen, warum sich die Zahlung verzögert.

Im Englischen drückt man sich oft viel verhaltener aus als im Deutschen. So wird man z.B. eher sagen "we seem to have overlooked it", als "we have overlooked it", oder "it has actually been overdue" und nicht einfach "it has been overdue". Die Benutzung von solchen Wörtern wie "actually", "really", "seem to be", "appear to be" ist bei einer ersten Mahnung üblich. Nur bei wiederholten Mahnungen verschärft sich der Ton. Eine telefonische Mahnung ist weniger streng, während bei ernsteren Verzögerungen ein Brief oder Fax üblich ist.

When we spoke last week, you assured me that the invoice would be paid.	Als wir letzte Woche gesprochen haben, haben Sie mir versichert, dass die Rechnung bezahlt wird.
We must receive at least a part payment.	Wir brauchen zumindest eine Teilzahlung.
We have many outstanding obligations.	Wir haben viele Verpflichtungen zu begleichen.
The bookkeeping department will only release this order for shipment if we receive a copy of your cheque/transfer.	Die Buchhaltungsabteilung gibt diesen Auftrag nur zur Lieferung frei, wenn wir von Ihnen eine Kopie des Schecks/der Überweisung erhalten.

Auch wenn man eine Lieferung bzw. eine Zahlung anmahnt, bleibt man im Englischen sehr höflich. Die üblichen Floskeln wie, "Hello, how are you?" oder "Hello, how are things ?" gehören trotzdem zu jedem Gespräch. Auch die Sätze "I look forward to hearing from you" oder "thanks for your help" sind fester Bestandteil einer solchen Unterhaltung. Es klingt keineswegs komisch oder ironisch, sich z.B. mit "sorry to bother you, but ...." zu entschuldigen, bevor man sich über eine verspätete Lieferung beschwert.

A: I'm ringing (US: calling) to enquire about the status of our order no. 452 dated June 5th. On the order confirmation it states delivery ex works on September 5th. When placing the order, we were assured that it would be ready on time. However, today is September 7th and we still have not received any advice of dispatch. Do you know, by any chance, when the order will be dispatched?

B: Let me see, yes, 452. I have this order entered in my schedule for dispatch on September 12th. Unfortunately we were not able to complete this order any earlier due to production delays caused by the late delivery of certain parts.

A: September 12th is rather late, this would cause us considerable problems, as the order is to be sent on to our depot in Manchester. Is there any chance of sending it a bit earlier than that?

B: Let me check again with our production department and get back to you.

A: Could you get back to me this morning? My customer is waiting for an answer.

A: Ich rufe an wegen unseres Auftrages Nr. 452 vom 5. Juni. In der Auftragsbestätigung steht als Liefertermin ab Werk der 5. September. Als wir den Auftrag erteilt haben, hat man uns versichert, dass der Auftrag rechtzeitig fertig werden würde. Heute ist aber bereits der 7. September, und wir haben immer noch keine Versandanzeige von Ihnen erhalten. Wissen Sie zufällig, wann wir mit der Lieferung dieses Auftrages rechnen können?

B: Lassen Sie mich nachsehen, ja, 452. Dieser Auftrag ist jetzt in meinem Terminplan für Versand am 12. September eingetragen. Wir konnten diesen Auftrag leider nicht früher fertig stellen, da die verspätete Lieferung von einigen Teilen zu Verzögerungen in der Produktion geführt hat.

A: 12. September ist ein bisschen spät, dies würde uns beträchtliche Probleme bereiten, da der Auftrag an unser Lagerhaus in Manchester weiter verschickt wird. Gibt es irgendeine Möglichkeit, den Auftrag früher zu schicken?

B: Lassen Sie mich noch einmal mit der Produktionsabteilung reden, dann melde ich mich wieder bei Ihnen.

A: Könnten Sie mich heute Vormittag zurückrufen? Mein Kunde wartet nämlich auf eine Antwort.

B: Of course, and I'm sorry for any inconvenience that this delay will cause.

A: I'm calling once again regarding our order no. 452. Last week you promised us delivery by Friday at the latest. This order has now been delayed by two weeks. If we don't receive the goods by the day after tomorrow, we'll have no other choice but to cancel the order and look for another supplier.

B: I'm really sorry about that, but the delay is due to circumstances beyond our control. At the moment there is a strike at the docks and our deliveries are all still waiting to be unloaded.
A: Please check if there is anything you can do, as this order is now top priority.

A: I'm calling regarding our invoice no. 5562 dated June 5th. It has actually now been overdue for payment for seven days.
B: Invoice no. 5562, let me see. Oh yes, it seems to have been overlooked, I'm sorry about that. We'll get a cheque in the post to you this afternoon, you should have it tomorrow morning.
A: May I remind you that our invoice dated April 4th is still overdue?

B: We actually paid the invoice last week, I will contact our bank and see why the payment has been delayed.

B: Selbstverständlich, und entschuldigen Sie bitte die Unannehmlichkeiten, die Ihnen diese Verzögerung bereitet.
A: Ich rufe jetzt noch einmal an bezüglich unseres Auftrags Nr. 452. Letzte Woche haben Sie uns die Lieferung bis spätestens Freitag versprochen. Dieser Auftrag ist nun seit zwei Wochen überfällig. Wenn wir die Ware nicht bis übermorgen bekommen haben, sehen wir uns gezwungen, den Auftrag zu stornieren und einen anderen Lieferanten zu suchen.
B: Es tut mir wirklich leid, aber die Verzögerung beruht auf höherer Gewalt. Zurzeit streiken die Hafenarbeiter und unsere Lieferungen sind immer noch nicht entladen worden.
A: Bitte überprüfen Sie noch einmal, ob Sie irgendetwas erreichen können, da dieser Auftrag mittlerweile erste Priorität hat.

A: Ich rufe an wegen unserer Rechnung Nr. 5562 vom 5. Juni. Diese Rechnung ist nun seit sieben Tagen überfällig.
B: Rechnung Nr. 5562, lassen Sie mich nachsehen. O ja, wir haben sie anscheinend übersehen, es tut mir Leid. Wir schicken Ihnen bereits heute Nachmittag einen Scheck per Post, er sollte morgen früh bei Ihnen sein.
A: Darf ich Sie daran erinnern, dass unsere Rechnung vom 4. April immer noch überfällig ist?
B: Wir haben die Rechnung eigentlich schon letzte Woche bezahlt, ich werde unsere Bank kontaktieren, um festzustellen, warum sich die Zahlung verzögert.

A: I'm sorry, but I must ask once again for payment of our outstanding invoices. We have four orders for dispatch next week and I cannot let them be shipped unless we receive at least a part payment of your outstanding balance.

B: Unfortunately, at the moment we have many outstanding obligations, could we agree on the part payment for the moment?

A: Entschuldigen Sie, aber ich muss noch einmal um die Bezahlung Ihrer fälligen Rechnungen bitten. Wir haben vier Aufträge zur Lieferung nächste Woche, und ich kann sie nicht verschicken, ohne zumindest eine Teilzahlung von dem Außenstand zu erhalten.

B: Zurzeit haben wir leider viele Verpflichtungen zu begleichen, könnten wir uns für den Augenblick auf die Teilzahlung einigen?

Delays and problems

Verzögerungen und Probleme

We regret to have to inform you that this order will not be ready for dispatch tomorrow.

Wir bedauern Ihnen mitteilen zu müssen, dass dieser Auftrag morgen nicht zum Versand fertig sein wird.

We are sorry to have to tell you that the material cannot be completed on time. At the moment we are having problems with the acquisition of materials.

Leider müssen wir Ihnen mitteilen, dass das Material nicht rechtzeitig fertig sein wird. Zurzeit haben wir Probleme mit der Beschaffung von Materialien.

Our production schedule is very tight.

Unser Produktionszeitplan ist sehr eng.

One of our machines has to be repaired.

Eine unserer Maschinen muss repariert werden.

Unfortunately one of our suppliers has let us down.

Leider hat uns einer unserer Lieferanten im Stich gelassen.

We are still waiting for these parts to complete your order.

Wir warten immer noch auf diese Teile, um Ihren Auftrag fertig zu stellen.

This material did not meet the high standards set by our quality control department.

Dieses Material hat die hohen Standards, die unsere Qualitätskontrollabteilung festlegt, nicht erfüllt.

The colour does not correspond to the previous deliveries.

Die Farbe entspricht nicht den früheren Lieferungen.

We are therefore not prepared to release this for dispatch.

Wir sind daher nicht bereit, die Ware zum Versand freizugeben.

We could accept this if you were prepared to grant us a discount.

Wir könnten es akzeptieren, wenn Sie bereit wären, uns einen Rabatt zu gewähren.

We miscalculated the amount required and did not acquire sufficient supplies.
Wir haben die Menge falsch kalkuliert und haben nicht genügend Vorräte besorgt.

We will do our best to dispatch earlier.
Wir werden unser Bestes tun, um früher zu liefern.

We only have three of the four boxes ordered.
Wir haben nur drei der vier bestellten Kartons.

Should we go ahead with shipment?
Sollen wir die Ware verschicken?

Should we send the three boxes or wait and send all four together?
Sollen wir die drei Kartons schicken oder warten und alle vier zusammen schicken?

We would of course pay the freight for the extra shipment.
Wir würden natürlich die Frachtkosten für die zusätzliche Lieferung übernehmen.

Unfortunately our computer system was not working properly and the material confirmed for dispatch is actually not in stock.
Leider funktionierte unser Computersystem nicht, und das Material, das wir zum Versand bestätigt haben, ist gar nicht auf Lager.

The next possible dispatch would be in about two weeks.
Der nächstmögliche Versand wäre in ungefähr zwei Wochen.

We could offer you two 25-kg bags as an alternative.
Als Alternative könnten wir Ihnen zwei 25-kg-Beutel anbieten.

We could send the delivery by express.
Wir könnten die Lieferung per Express schicken.

Unfortunately we quoted the wrong price.
Leider haben wir den falschen Preis angegeben.

We mixed up the lists for ex works and FOB.
Wir haben die Listen für ab Werk und FOB vertauscht.

We entered your order for the wrong item.
Wir haben Ihren Auftrag für den falschen Artikel eingetragen.

We will send you the order confirmation with the correct price.
Wir schicken Ihnen die Auftragsbestätigung mit dem korrekten Preis.

The product you ordered is no longer in our range.
Das von Ihnen bestellte Produkt ist nicht mehr in unserer Produktpalette.

May we offer you product 437 as an alternative?
Dürfen wir Ihnen Produkt 437 als Alternative anbieten?

We sincerely apologise (US: apologize) for this mistake.
Wir entschuldigen uns für diesen Fehler.

We are truly sorry about this delay.
Wir bedauern diese Verzögerung sehr.

Please accept our apologies.
Wir bitten Sie um Entschuldigung.

We will make sure that this does not happen again.
Wir werden darauf achten, dass dies nie wieder passiert.

Thank you for your understanding.
Vielen Dank für Ihr Verständnis.

Thank you for your cooperation.

A: We are sorry to have to tell you that the material cannot be completed on time.
B: What exactly is the problem?
A: Unfortunately one of our suppliers has let us down. A delivery has been delayed. We need these parts to complete your order.

B: How long a delay will this be?

A: About four days.
B: OK, but please dispatch on Friday, and thank you for letting me know.

A: Unfortunately the material for your order did not meet the high standards set by our quality control department.
B: What is wrong with the material?
A: The colour does not correspond to the previous deliveries, therefore we cannot dispatch this order without your consent.
B: How long will I have to wait for a new production?
A: About four weeks.
B: No, that's too long. The colour is not that important, it isn't a series.
A: We could send you a sample today by courier service. If the colour is acceptable, we will send the whole order on Thursday.

B: OK, fine. I'll wait for your sample.

A: We regret to have to inform you that this order will not be ready for dispatch tomorrow. We only have three of the four boxes ordered.

Vielen Dank für Ihre Hilfe.

A: Leider müssen wir Ihnen mitteilen, dass das Material nicht rechtzeitig fertig sein wird.
B: Was genau ist das Problem?
A: Leider hat uns einer unserer Lieferanten im Stich gelassen. Eine Lieferung ist verzögert worden. Wir brauchen diese Teile, um Ihren Auftrag fertig zu stellen.
B: Wie lange wird die Verzögerung dauern?
A: Ungefähr vier Tage.
B: In Ordnung, aber bitte verschicken Sie es am Freitag, und vielen Dank für die Information.

A: Leider hat das Material für Ihren Auftrag die hohen Standards, die von unserer Qualitätskontrollabteilung festgelegt werden, nicht erfüllt.
B: Was stimmt nicht mit dem Material?
A: Die Farbe entspricht nicht den früheren Lieferungen, wir können diesen Auftrag daher nicht ohne Ihre Zustimmung verschicken.
B: Wie lange muss ich dann auf eine neue Produktion warten?
A: Ungefähr vier Wochen.
B: Nein, das ist zu lang. Die Farbe ist nicht so wichtig, es ist keine Serie.
A: Wir könnten Ihnen heute per Kurierdienst ein Muster zuschicken. Wenn die Farbe akzeptabel wäre, würden wir den ganzen Auftrag am Donnerstag versenden.
B: In Ordnung. Ich warte auf das Muster.
A: Wir bedauern, Ihnen mitteilen zu müssen, dass dieser Auftrag morgen nicht zum Versand fertig sein wird. Wir haben nur drei der vier bestellten Kartons.

B: When will the order be complete?

A: The remaining box would be ready by next Wednesday. Should we send the three boxes or wait and send all four together?

B: That would mean additional transport costs for us.
A: We would of course be prepared to pay the freight for the extra shipment.
B: OK. Please ship the three boxes, we'll expect the fourth box by the end of next week.

A: Thank you, and please accept our apologies for this delay.

A: We are sorry to have to tell you that our computer system was not working properly and the material confirmed for dispatch is actually not in stock.
B: When could we have it then?
A: The next possible dispatch would be in two weeks' time.
B: That will be difficult.
A: We could offer you two 25-kg bags as an alternative.
B: OK, we need the material urgently, so we'll have to take them.

A: Thank you for your help. We are really sorry about this mistake.

A: Unfortunately we quoted the wrong price for this item. We mixed up the lists for ex works and FOB.

B: How could that happen? I specifically said that I needed the FOB price.

B: Wann wird der Auftrag komplett sein?
A: Der noch ausstehende Karton wäre bis nächsten Mittwoch fertig. Sollen wir die drei Kartons schicken oder warten und alle vier zusammen schicken?
B: Dies würde für uns zusätzliche Transportkosten bedeuten.
A: Wir würden natürlich die Frachtkosten für die zusätzliche Lieferung übernehmen.
B: Gut. Bitte schicken Sie die drei Kartons, wir erwarten dann den vierten Karton bis Ende nächster Woche.
A: Danke, und bitte entschuldigen Sie die Verzögerung.

A: Wir müssen Ihnen leider mitteilen, dass unser Computersystem nicht richtig funktioniert hat, und dass das zum Versand bestätigte Material gar nicht auf Lager ist.
B: Wann können wir es dann haben?
A: Der nächstmögliche Versandtermin wäre in ungefähr zwei Wochen.
B: Das wird schwierig.
A: Als Alternative könnten wir Ihnen zwei 25-kg-Beutel anbieten.
B: In Ordnung, wir brauchen das Material sehr dringend. Dann müssen wir also die Beutel nehmen.
A: Vielen Dank für Ihre Hilfe. Wir bedauern diesen Fehler sehr.

A: Leider haben wir den falschen Preis für diesen Artikel angegeben. Wir haben die Listen für ab Werk und FOB vertauscht.
B: Wie konnte das passieren? Ich habe ausdrücklich gesagt, dass ich den FOB-Preis brauche.

A: The person usually in charge of your orders was on holiday (US: on vacation) at that time. We will send you the order confirmation with the correct price.
B: OK, but please make sure it doesn't happen again. This makes things quite difficult.
A: Of course. Thank you for your understanding and please accept our apologies.

A: Der Mitarbeiter, der normalerweise für Ihre Aufträge zuständig ist, war zu der Zeit im Urlaub. Wir schicken Ihnen die Auftragsbestätigung mit dem korrekten Preis.
B: Gut, aber bitte achten Sie darauf, dass es nicht wieder passiert. Es macht alles ein bisschen schwieriger.
A: Selbstverständlich. Danke für Ihr Verständnis und entschuldigen Sie nochmals.

Complaints

Beschwerden

The material ordered was green and the material we have just received is brown.
Please check what has happened.

Wir haben grünes Material bestellt und das Material, das wir bekommen haben, ist braun.
Bitte überprüfen Sie, was genau passiert ist.

When could you dispatch the material in green?
We could add this to your shipment tomorrow.
Both the order confirmation and the delivery note show three boxes, but we have only received two, what has happened?
We ordered 5mm screws and you have sent us 6mm. We are prepared to keep these, but would need a delivery of 5mm screws by the end of this week.

Wann könnten Sie das Material in grün liefern?
Wir können es Ihrer morgigen Sendung beifügen.
Die Auftragsbestätigung und der Lieferschein zeigen beide drei Kartons, aber wir haben nur zwei bekommen, was ist passiert?
Wir haben 5-mm-Schrauben bestellt, und Sie haben uns 6-mm-Schrauben geschickt. Wir wären bereit, diese zu behalten, brauchten aber bis Ende dieser Woche eine Lieferung von 5mm-Schrauben.

Is there a chance that you could still use them?
Two of the chairs are badly damaged, the cushion material is ripped.

Besteht die Möglichkeit, sie trotzdem zu verwenden?
Zwei der Stühle sind schwer beschädigt, das Kissenmaterial ist aufgerissen.

Could you give them back to our driver when he comes on Friday?
We will arrange for two replacement chairs to be dispatched tomorrow.

Könnten Sie sie am Freitag dem Fahrer wieder mitgeben? Wir werden dann morgen zwei Ersatzstühle wegschicken.

The quality of this material is not up to your usual standard.	Die Qualität dieses Materials entspricht nicht Ihrem üblichen Standard.
The paper we received is too thin. Could you send us a few leaves so that we can have our quality control people check this?	Das Papier, das wir bekommen haben, ist zu dünn. Könnten Sie uns ein paar Blätter zuschicken, damit unsere Leute in der Qualitätskontrolle diese überprüfen können?
The material is within our standard tolerance level.	Das Material liegt innerhalb unserer Standardtoleranzgrenze.
I cannot accept your claim.	Ich kann Ihre Reklamation nicht annehmen.
I will let you know.	Ich werde mich wieder melden/Ich werde Ihnen Bescheid geben.
I have passed this on to the person in charge and will get back to you when we have the results.	Ich habe es an die zuständige Person weitergeleitet und werde mich melden, wenn die Ergebnisse vorliegen.
You promised to get back to me. When will I hear from you?	Sie haben versprochen, sich noch einmal bei mir zu melden. Wann höre ich von Ihnen?
I have sent you an e-mail placing an order last week and I still haven't received any confirmation.	Ich habe Ihnen letzte Woche eine E-Mail über eine Bestellung geschickt und habe immer noch keine Bestätigung erhalte.
We had computer problems.	Wir hatten Probleme mit den Computer.
We didn't get your e-mail.	Wir haben Ihre E-Mail nicht bekommen.

Bei Engländern kann man sich nicht oft genug entschuldigen: am Anfang der Unterhaltung mit "I'm very sorry, but ..." und am Ende wieder mit "I am really sorry about that" oder "Please excuse this once again". Auch wenn man selber Recht hat, ist es ganz normal, sich dafür zu entschuldigen, dass man sich beschwert.

A: We have just received our order no. 156. Upon opening the box, we found that only 11 bottles were sent. We actually ordered 12.	A: Wir haben soeben unseren Auftrag Nr. 156 erhalten. Als wir den Karton geöffnet haben, fanden wir nur 11 Flaschen vor. Wir haben eigentlich 12 bestellt.
B: I'm sorry about that, there seems to have been a mistake in the packing department on that day.	B: Das tut mir Leid, aber es scheint an dem Tag einen Fehler in der Verpackungsabteilung gegeben zu haben.

A: Could you make sure that the invoice is altered?

A: We ordered 5mm screws and you have sent us 6mm.

B: Oh yes, the delivery note was incorrectly typed.

A: We are prepared to keep this delivery, but would need one of 5mm screws by the end of this week.

B: Yes, we'll dispatch them tomorrow.

A: As we do not need the 6mm screws until the beginning of next month, could you extend the due date of the invoice by two weeks?

B: Of course, no problem.

A: After unpacking and examining the material, we noticed that two of the items are damaged.

B: Are they badly damaged?

A: They have slight scratch marks on the case.

B: Would you be able to keep them if we granted you a discount?

A: Yes, we should be able to sell them.

B: OK, we'll credit 20% of the invoice.

A: The quality is not up to your usual standard, the paper we received is too thin.

B: Our samples show that the material is within our standard tolerance level. I am sorry, but I cannot accept your claim.

A: When we ordered, we specifically stated that the colour was to

A: Könnten Sie dafür sorgen, dass die Rechnung abgeändert wird?

A: Wir haben 5mm-Schrauben bestellt, und sie haben uns 6-mm-Schrauben geschickt.

B: Oh ja, der Lieferschein wurde falsch getippt.

A: Wir wären bereit, diese Lieferung zu behalten, brauchten aber bis Ende dieser Woche eine von 5mm-Schrauben.

B: Ja, schicken wir morgen weg.

A: Da wir die 6-mm-Schrauben erst Anfang nächsten Monats brauchen, könnten Sie das Fälligkeitsdatum der Rechnung um zwei Wochen verlängern?

B: Natürlich, kein Problem.

A: Nachdem wir das Material ausgepackt und überprüft hatten, stellten wir fest, dass zwei Artikel beschädigt sind.

B: Sind sie schwer beschädigt?

A: Sie haben leichte Kratzer am Gehäuse.

B: Könnten Sie sie behalten, wenn wir Ihnen einen Rabatt gewährten?

A: Ja, wir müssten sie eigentlich verkaufen können.

B: In Ordnung, dann schreiben wir 20% des Rechnungsbetrages gut.

A: Die Qualität entspricht nicht Ihrem üblichen Standard, das Papier, das wir bekommen haben, ist zu dünn.

B: Unsere Muster zeigen, dass das Material innerhalb unserer Standard-toleranzgrenze liegt. Es tut mir Leid, aber ich kann Ihre Reklamation nicht annehmen.

A: Als wir bestellten, haben wir ausdrücklich darauf hingewiesen, dass

be the same as previously supplied.

B: I'm very sorry about that.

A: This material is for a special series and must be the same colour.

B: Could you let us have a sample, we will have this checked and get back to you.

A: We sent you a sample last week.

B: Yes, we have had it examined and must agree that this material is not acceptable. How can we solve this problem, would you be able to sell this as a closeout item at 20% discount?

A: No, I don't think so. I will have to return this material.

A: We sent you a fax last week asking for some information regarding your product range. We still haven't received an answer.

B: I'm very sorry, but we have just come back to work after our three-week annual holiday.

A: I really need an answer this afternoon.

B: I'll see to it straight away, and, please, excuse the delay.

A: I sent you an e-mail last week placing an order for 5 units of article 299. I still haven't received any confirmation. What happened?

B: I'm sorry. We had computer problems last week. Let me check our order list. ... No, I don't have any order from you. I'm afraid we didn't get your e-mail. Could you please place the offer again?

die Farbe genauso wie bei früheren Lieferungen sein muss.

B: Das tut mir sehr leid.

A: Dieses Material ist für eine Sonderreihe und muss die gleiche Farbe haben.

B: Könnten Sie uns ein Muster zuschicken, wir werden es überprüfen und uns wieder melden.

A: Wir haben Ihnen bereits letzte Woche ein Muster zugesandt.

B: Ja, wir haben es überprüfen lassen und müssen zugeben, dass dieses Material nicht akzeptabel ist. Wie können wir dieses Problem lösen? Würden Sie die Ware als Sonderposten zu einem Rabatt von 20% verkaufen können?

A: Nein, ich glaube nicht. Ich werde dieses Material zurückschicken müssen.

A: Wir haben Ihnen letzte Woche ein Fax geschickt und um Auskünfte über Ihre Produktpalette gebeten. Wir haben immer noch keine Antwort bekommen.

B: Es tut mir Leid, aber wir kommen gerade aus unseren dreiwöchigen Betriebsferien zurück.

A: Ich brauche noch heute Nachmittag eine Antwort.

B: Mache ich sofort, und bitte entschuldigen Sie den Verzug.

A: Ich habe Ihnen letzte Woche eine E-Mail geschickt, eine Bestellung über 5 Einheiten von Artikel 299. Ich habe immer noch keine Bestätigung erhalten. Was ist passiert?

B: Das tut mir Leid. Wir hatten letzte Woche Probleme mit unseren Computern. Lassen Sie mich in meiner Bestellliste nachsehen. ... Nein, ich habe keine Bestellung von Ihnen. Ich fürchte, wir habe Ihre E-Mail nicht bekommen. Könnten Sie die Bestellung bitte wiederholen?

V. Geschäftsbriefe

Dear Sir,	Sehr geehrter Herr ...,
Dear Madam,	Sehr geehrte Frau ...,
Dear Sirs,	Sehr geehrte Damen und Herren,
Dear Mr. Walsh,	Sehr geehrter Herr Walsh,
Dear Mrs. Walsh,	Sehr geehrte Frau Walsh, (verheiratete Frau)
Dear Miss Walsh,	Sehr geehrte Frau Walsh, (ledige Frau)
Dear Ms. Walsh,	Sehr geehrte Frau Walsh,
Dear Andrew,	Lieber Andrew,
Dear Susan,	Liebe Susan,
Gentlemen,	Meine Herren,

Die Anrede "Mrs." wird ausschließlich für verheiratete Frauen benutzt, die Anrede "Miss" für Frauen, die ledig sind. "Ms." ist eine neutrale Form, die sowohl verheiratete als auch ledige Frauen benutzen können (es wird der Frau überlassen, wie sie sich nennt). "Miss" hat nicht die gleichen Assoziation wie in Deutschland „Fräulein". Wenn man in England ein Formular ausfüllt, hat man die Möglichkeit, die Anrede Mrs./Miss/Ms. anzukreuzen. Einen Geschäftsbrief fängt man mit "Dear Mr. ..." an. Briefe an Frauen, die man nicht kennt, fängt man vorsichtshalber mit der neutralen Form "Dear Ms..." an. Briefe an Firmen ohne Ansprechpartner, fängt man mit "Dear Sir ..." oder "Dear Sirs ..." an, auch die Formen "Dear Madam ...", oder "Dear Madam/Sir ..." sind geläufig. Briefe an Geschäftspartner, die man gut kennt, fängt man mit dem Vornamen an, "Dear David .../ Dear Karen ...".

Enc. / Encl.	Anlage
cc.	Verteiler
Att: / Attn:	zu Händen von
F.A.O. (For attention of)	zu Händen von
Your ref.	Ihr Betreff
Our ref.	Unser Betreff
dd. (dated)	datiert

Immer mehr Schriftverkehr wird per Fax erledigt. Die Schriftstücke sind meistens informeller und viel kürzer. Viele Sätze und Wörter werden abgekürzt.

Dear Bill,	Lieber Bill,
Please advise best delivery for two boxes of item 467.	bitte geben Sie mir den besten Liefertermin für Artikel 467.

| Thanks and regards, | Danke. Mit freundlichen Grüßen, |

Nach der Anrede folgt ein Komma, und das erste Wort danach wird immer groß geschrieben.

| Dear Mike, | Lieber Mike, |
| Please enter new order for 400 kg cement. Please fax OK by return. Thank you. | bitte merken Sie folgenden Neuauftrag über 400 kg Zement vor. Bitte bestätigen Sie per Fax. Vielen Dank. |

Obwohl die Engländer sehr viel Wert auf Höflichkeitsfloskeln legen, wird ein Fax als sehr informell gesehen, genauso wie früher Telex. Solche knappen Texte sind auch im Englischen mittlerweile weit verbreitet und akzeptiert.

| Please refax. | Bitte noch einmal faxen. |
| Please repeat transmission. The first transmission was difficult to read. | Bitte Übertragung wiederholen. Die erste Übertragung war schwer leserlich. |

Yours sincerely,/ Sincerely yours,	Mit freundlichen Grüßen
Yours truly,	Mit freundlichen Grüßen
Yours faithfully,	Mit freundlichen Grüßen
Best regards,	Mit herzlichem Gruß
Kind regards,	Herzliche Grüße
With kindest regards,	Mit herzlichen Grüßen

"Yours sincerely" oder "Sincerely" sind die üblichen Grußwendungen für Geschäftspartner, die man gar nicht oder nicht sehr gut kennt. "Kind regards", "Best regards" oder nur "Regards" sind die üblichen Grußwendungen bei Geschäftspartnern, die man besser kennt. "Regards" ist nicht so persönlich wie "Kind regards" oder "Best regards". Bei Antwortbriefen orientiert man sich am besten an der Formulierung des empfangenen Briefes und passt sich dieser an. Es wäre ungewöhnlich, einen Brief unterschrieben mit "Kind regards" mit "yours sincerely" zu beantworten.

| P.P. | i.A, i.V. oder ppa. |
| Dictated by/ signed in absence. | nach Diktat verreist. |

memo	Hausmitteilung / Interne Mitteilung
registered letter	Einschreiben
by registered letter	per Einschreiben
recorded delivery (UK)	per Einschreiben
certificate of posting	Einlieferungsschein
express	Eilzustellung
air mail	Luftpost
parcel	Paket
small packet	Päckchen
courier service	per Eilbote
overnight service	per Eilbote
desk	Schreibtisch
typewriter	Schreibmaschine
photocopier/xerox copier/copy machine	Fotokopierer
printer	Drucker
word processing	Textverarbeitung
to dictate	diktieren
shorthand	Kurzschrift / Stenografie
envelope	Umschlag / Kuvert
label	Etikett
letterhead	Briefkopf
business card	Visitenkarte
index card / filing card	Karteikarte
to file	ablegen, ordnen

SMITH & CO., 19 STATION ROAD, LIVERPOOL

Jones Bros. Ltd.
5 Newton Street
Newport, Gwent

7 September 1997
Ref.: Our order no. 452 dated June 5th

Dear Mr. Jones,

We refer to our order no. 452 dated June 5th for five boxes of article 372 in green and your order confirmation no. 1357 dated June 11th.

This order, which is the third part of our annual order, was due to leave your factory on September 5th to arrive in Liverpool by today, the 7th of September. Up to now, we have received neither your advice of dispatch, nor information as to the status of this order.
This material is now required by our depot in Manchester, as it is needed to make up a large order which we need to ship by the end of next week. If we delay our shipment, there is a danger of us losing the order altogether. Therefore we really must insist that the goods are dispatched tomorrow, otherwise this will cause us contractual difficulties.

Please let us know by return fax when we can expect delivery of these goods.
Looking forward to your positive reply, we remain

yours sincerely,

D. Smith (Mrs.)

Frauen geben öfters in Klammern nach der Unterschrift an, wie Sie angeredet werden sollen (es gibt schließlich die drei Möglichkeiten Miss, Mrs. und Ms.).

SMITH & CO., 19 STATION ROAD, LIVERPOOL

Jones Bros. Ltd.
5 Newton Street
Newport, Gwent
07. 09. 1997

Betr.: Unser Auftrag Nr. 452 vom 5. Juni

Sehr geehrter Herr Jones,

wir beziehen uns auf unseren Auftrag Nr. 452 vom 5. Juni über fünf
Schachteln von Artikel 372 in Farbe grün und Ihre Auftragsbestätigung
Nr. 1357 vom 11. Juni.

Dieser Auftrag, der dritte Teil unseres jährlichen Auftrags, sollte am
5. September Ihr Werk verlassen, um spätestens heute, den 7. September, in Liverpool anzukommen. Bis jetzt haben wir weder Versandanzeige, noch Informationen über den Stand dieses Auftrags erhalten.
Das Material wird nun in unserem Lager in Manchester dringend
benötigt, um unsererseits einen Auftrag fertig zu stellen, den wir bis
Ende nächster Woche verschiffen müssen. Wenn wir unsere Lieferung
verzögern, besteht die Gefahr, dass wir den Auftrag ganz verlieren. Wir
müssen daher darauf bestehen, dass die Ware morgen zum Versand
kommt, ansonsten könnte es für uns zu vertragsrechtlichen Problemen
kommen.

Bitte lassen Sie uns unverzüglich per Telefax wissen, wann wir mit der
Lieferung der Ware rechnen können.

In Erwartung Ihrer positiven Antwort verbleiben wir
mit freundlichen Grüßen

D. Smith

Miller Machines Inc.
1552 South Cherry Avenue
Chicago, IL 60607

Fa. Georg Schmid GmbH
Neckarstraße 15
70469 Stuttgart
Germany

04/31/1997 ff/gn

Ref.: Enquiry

Dear Sirs,

The German Chamber of Commerce was kind enough to pass on the name and address of your company as a manufacturer of small motors for industrial uses. We would like to import your products to the American market and would also be interested to learn whether you are represented in this part of America.

We are a medium-sized company with thirty employees. We have seven salesmen in the Chicago area and twelve more across the states of Illinois, Ohio, and Indiana.

Please let us have your detailed offer as follows:

For full 20' containers CIF port of Chicago via Montreal Gateway, including price per unit and present lead time.

As payment we would suggest 60 days after date of invoice, net.

Would you offer a discount for large quantities or for regular orders?

Please send us a company brochure and some catalogues showing the different kinds of motors and the different applications that you can offer.

We look forward to hearing from you.

Sincerely,

Frank Fitzpatrick
Purchasing Manager

Miller Machines Inc.
1552 South Cherry Avenue
Chicago, IL 60607

Fa. Georg Schmid GmbH
Neckarstraße 15
D-70469 Stuttgart

31.4.1997

Sehr geehrte Damen und Herren,

die deutsche Handelskammer hat uns freundlicherweise den Namen
und die Adresse Ihrer Firma als Hersteller von Kleinmotoren für industri-
elle Zwecke gegeben. Wir würden gerne Ihre Produkte in den amerika-
nischen Markt importieren und wären auch interessiert zu erfahren, ob
Sie in diesem Teil der Vereinigten Staaten vertreten sind.
Wir sind ein mittelständisches Unternehmen mit dreißig Angestellten.
Im Raum Chicago beschäftigen wir sieben Verkäufer, sowie zwölf
weitere in den Staaten Illinois, Ohio und Indiana.
Bitte schicken Sie uns Ihr detailliertes Angebot wie folgt:
Auf Basis von vollen 20' Containern CIF Chicago über Montreal
Gateway, einschließlich Preis pro Einheit und aktueller Lieferzeit.
Als Zahlungsbedingung würden wir 60 Tage nach Rechnungsdatum,
netto, vorschlagen.
Gewähren Sie Mengenrabatte oder Rabatte für regelmäßige
Bestellungen?
Könnten Sie uns bitte auch eine Firmenbroschüre sowie Kataloge über
die verschiedenen Motoren und Anwendungen zukommen lassen?

In Erwartung Ihrer baldigen Antwort verbleiben wir
mit freundlichen Grüßen

Frank Fitzpatrick
Einkaufsleiter

Georg Schmid GmbH, Neckarstraße 15, D-70469 Stuttgart

Miller Machines Inc.
Attn: Mr. Fitzpatrick
Purchasing Manager
1552 South Cherry Avenue
Chicago, IL 60607
USA

06/05/1997 gs/st

Ref.: Your enquiry dated 04/31/1997

Dear Mr. Fitzpatrick,

Thank you for your letter dated 04/31/97 and the interest you showed in our products. We would first of all like to tell you something about our company: Our company was founded in 1935, has at present 120 employees and we are hoping to expand next year to a further unit in the Stuttgart area. We mainly sell our products here in Germany but are hoping to expand our export activities.
At the moment we are not represented in the eastern United States, and we would be very interested in arranging a meeting to discuss your proposal.
We have enclosed our current price list. Please note the following:
All our prices are to be understood FOB German port including packing. For CIF deliveries we would have to charge an extra 10% on list price. These prices are based on a minimum quantity of 50 units per order in 20' containers. For regular orders we would offer a discount of 5%.
Present lead time is ex works four weeks after receipt of order.
For the first order we would prefer payment "Cash against Documents," for which we would offer a discount of 3%. For further orders we would consider an open payment term.
We have enclosed the requested company brochure and various catalogues.
We hope that we have made you a favorable offer and look forward to hearing from you soon.

With best regards,

G. Schmid

Georg Schmid GmbH, Neckarstraße 15, D-70469 Stuttgart

Miller Machines Inc.
z. Hd. Herrn Fitzpatrick
Einkaufsleiter
1552 South Cherry Avenue
Chicago, IL 60607
USA

05.06.1997 gs/st

Betr.: Ihre Anfrage vom 31.04.1997

Sehr geehrter Herr Fitzpatrick,

vielen Dank für Ihren Brief vom 31.04.97 und Ihr Interesse an unseren Produkten. Wir möchten Ihnen zunächst etwas über unsere Firma erzählen: Unsere Firma wurde 1935 gegründet und hat zurzeit 120 Mitarbeiter, und wir hoffen nächstes Jahr eine weitere Fabri in der Stuttgarter Gegend zu erwerben. Wir verkaufen unsere Produkte hauptsächlich in Deutschland, hoffen aber, dass wir unsere Exportaktivitäten weiter ausbauen können. Zurzeit sind wir nicht im Osten der USA vertreten, und wir wären sehr daran interessiert, ein Treffen zu vereinbaren, um Ihren Vorschlag zu diskutieren.
Anbei unsere aktuelle Preisliste, bitte beachten Sie Folgendes: Unsere Preise verstehen sich FOB deutscher Hafen einschließlich Verpackung. Für CIF Lieferungen müssen wir einen Aufschlag von 10% auf den Listenpreis berechnen. Diese Preise basieren auf einer Mindestabnahmemenge von 50 Stück pro Auftrag in 20' Containern. Für regelmäßige Bestellungen können wir einen Rabatt von 5% anbieten. Aktuelle Lieferzeit ab Werk ist vier Wochen nach Auftragserhalt.
Für den ersten Auftrag würden wir eine Zahlungskondition "Kasse gegen Dokumente" vorziehen, wofür wir aber einen Rabatt von 3% anbieten würden. Für weitere Aufträge könnten wir ein offenes Zahlungsziel berücksichtigen.
Wir haben die gewünschte Firmenbroschüre und verschiedene Kataloge beigelegt.
Wir hoffen, Ihnen ein günstiges Angebot gemacht zu habe und würden uns freuen, bald von Ihnen zu hören.

Mit freundlichen Grüßen,

G. Schmid

Hans Müller GmbH & Co., Rosenstraße 76, D-60313 Frankfurt

Lloyd Automation Ltd.
Attn: Mr. Patrick Hughes
15 River Bank Industrial Estate
Birmingham B4
Great Britain

27 May 1998 hm/fe

Ref.: Addition to our product range

Dear Mr. Hughes,

We are pleased to announce that item no. 12967 is now available in three different versions: the existing two products and now a third alternative in black leather. This is something we have been working on for almost six months and after extensive tests the new version has been released for sale.

This is an important addition to our product range and we are sure that this will serve to complement the present products. We now have the unique opportunity to cover three different sectors of the market at once and to update our present technology.

We have enclosed a brochure and a revised price list which now includes this item. For initial orders we would be prepared to offer an introductory discount of 5%.

We hope that this new addition to our product range will enable you to consolidate and even to increase your sales, and we look forward to receiving your trial orders.

With best regards,

H. Müller

Encl.:   Brochure
         Revised price list

Hans Müller GmbH & Co., Rosenstraße 76, D-60313 Frankfurt

Lloyd Automation Ltd.
z. Hd. Herrn Patrick Hughes
15 River Bank Industrial Estate
Birmingham B4
Großbritannien

27. Mai 1998 hm/fe

Betr.: Ergänzung unserer Produktpalette

Sehr geehrter Herr Hughes,

wir freuen uns, Ihnen mitteilen zu können, dass unser Artikel Nr. 12967 jetzt in drei verschiedenen Versionen lieferbar ist: die zwei bestehenden Produkte und jetzt eine dritte Alternative in schwarzem Leder. Wir haben fast sechs Monate daran gearbeitet, und nach ausführlichen Tests ist die neue Version nun für den Verkauf freigegeben worden.

Es handelt sich um eine wichtige Erweiterung unserer Produktpalette, und wir sind sicher, dass dies unsere bestehenden Produkte ergänzen wird. Wir haben jetzt die einmalige Möglichkeit, drei verschiedene Marktsektoren gleichzeitig abzudecken und unsere jetzige Technologie auf den neuesten Stand zu bringen.

Anbei eine Broschüre und eine revidierte Preisliste, die jetzt diesen Artikel enthält. Für Erstaufträge wären wir bereit, einen Sondereinführungsrabatt von 5% zu gewähren.

Wir hoffen, dass diese neue Ergänzung unserer Produktpalette es Ihnen ermöglichen wird, Ihre Umsätze zu konsolidieren oder sogar zu steigern. Wir freuen uns auf den Erhalt Ihrer Probeaufträge.

Mit freundlichen Grüßen,

H. Müller

Anlage: Broschüre
Revidierte Preisliste

F. Huber Chemie GmbH, Isarstraße 102, D-80469 München

C. Bryan Chemicals Ltd.
Attn: Mr. John Perkins
5 Green Lane
Brighton, East Sussex
Great Britain

10/12/1995 fh/me

Ref.: Price increase as from January 1st, 1996

Dear Mr. Perkins,

Unfortunately we have to inform you that as of January 1st we will be increasing our prices by 5%. This is the first adjustment in two years and has been made necessary by several factors.
The price of raw materials has increased by up to 20% within a matter of months; the prices for natural rubber in particular have been affected.
The introduction of motorway tolls for lorries at the beginning of this year has lead to a 5-10% increase in freight costs, which, as our orders are delivered CIP Brighton, has also to be covered by us.
The increasingly stringent environmental legislation in Great Britain makes it more and more difficult for us to ensure cost-effective production. Also the new laws make it more expensive for us to dispose of our waste and packing materials.
All of these factors leave us no other choice than to adjust our prices accordingly. We are, however, prepared to guarantee these new prices until the end of April 1997. The new price list will be forwarded in the near future.
We sincerely regret having to take this step, but hope that we can nevertheless maintain our position in the European market.

With kindest regards,

F. Huber

F. Huber Chemie GmbH, Isarstraße 102, D-80469 München

C. Bryan Chemicals Ltd.
z. Hd. Herrn John Perkins
5 Green Lane
Brighton, East Sussex.
Großbritannien

10.12.1995 fh/me

Betr.: Preiserhöhung ab 1. Januar 1996

Sehr geehrter Herr Perkins,

leider müssen wir Ihnen mitteilen, dass wir ab 1. Januar 1996 eine
Preiserhöhung von 5% vornehmen werden. Es ist die erste Angleichung
seit zwei Jahren und sie ist wegen verschiedener Faktoren notwendig
geworden.
Die Preise für Rohstoffe sind innerhalb der letzten Monate um bis zu
20% gestiegen; besonders die Preise für Naturkautschuk sind stark
betroffen.
Die Einführung von Autobahngebühren für LKWs Anfang dieses Jahres
haben zu einer Anhebung der Frachtkosten um 5–10% geführt, die, da
unsere Aufträge CIP Brighton geliefert werden, auch von uns gedeckt
werden müssen.
Die zunehmend strenge Umweltgesetzgebung Großbritanniens er-
schwert es uns, eine kosteneffektive Produktion zu sichern. Zudem
machen die neuen Verordnungen es für uns immer teurer, unseren
Abfall und unser Verpackungsmaterial zu entsorgen.
All diese Faktoren lassen uns keine andere Wahl, als unsere Preise entsprechend anzupassen. Wir sind jedoch bereit, diese neuen Preise bis
Ende April 1997 zu garantieren. Die neue Preisliste erhalten Sie in
Kürze.
Wir bedauern sehr, diesen Schritt untenehmen zu müssen, hoffen aber,
dass wir dennoch unsere Position auf dem europäischen Markt beibe-
halten können.

Mit freundlichen Grüßen,

F. Huber

FAX MESSAGE

Hans Müller GmbH
Seestraße 7
D-28717

TO: Mr. B. Williams
Clark Industries

FROM: Mr. R. Wagner

Date: 15 January 1998

Ref.: My visit next week

Dear Mr. Williams,

As discussed, here my intinerary for next week's visit to England:

January 22nd
9.30 a.m.   Arrival London Heathrow on flight BA 723.
2.00 p.m.   Meeting at Clark Industries with Messrs. Smith, Jones and
            Williams. Subject: Market Strategy in Great Britain.
7.00 p.m.   Dinner with Mr. West from Smith & Partners.

January 23rd
10.00 a.m. Visit to Brighton Seals & Coatings in Maidenhead.

January 24th
9.00 a.m.   Visit to Smiths Coatings. Subject: Market development.
3.00 p.m.   Depart London Heathrow on flight BA 724

Could you please arrange for me to be picked up from the airport
and book me a room for two nights in a hotel near you?

Looking forward to seeing you again next week.

Best regards,

R. Wagner

TELEFAX

Hans Müller GmbH
Seestraße 7
D-28717 Bremen

AN: Herrn B. Williams
Clark Industries

VON: Herrn R. Wagner

Datum: 15. Januar 1998

Betr.: Mein Besuch nächste Woche

Sehr geehrter Herr Williams,

wie besprochen mein Programm für den Besuch nächste Woche in England:

22. Januar
9.30 Uhr   Ankunft London Heathrow mit Flug BA 723.
14.00 Uhr   Besprechung bei Clark Industries mit den Herren Smith,
            Jones und Williams. Thema: Marktstrategie in
            Großbritannien.
19.00 Uhr   Abendessen mit Herrn West von Smith & Partners.

23. Januar
10.00 Uhr   Besuch bei Brighton Seals & Coatings in Maidenhead.

24. Januar
9.00 Uhr   Besuch bei Smiths Coatings. Thema: Marktentwicklung.
15.00 Uhr   Abflug London Heathrow mit Flug BA 724.

Könnten Sie bitte meine Abholung vom Flughafen arrangieren und ein Zimmer für zwei Nächte in einem Hotel in Ihrer Nähe buchen?

Ich freue mich, Sie nächste Woche wieder zu sehen.

Mit freundlichen Grüßen,

R. Wagner

FACSIMILE

W. Phillips & Co.
17 New Street
Liverpool.

TO: Mr. B. Clarke
Wayview Ltd.

FROM: Mr. M. Taylor

Date: 7 June 1998
Ref.: Our order no. 159/98, your invoice no. 3479 dated May 21st, 1998

Dear Mr. Clarke,

We refer to our order no. 159/98 and your invoice no. 3479 dated May 21st, 1998. The material which was delivered the week before last is not acceptable. The cloth is torn in the middle and the edges are not neatly sewn. We have examined all the material and unfortunately must confirm that the contents of all boxes are faulty.

We have contacted our customer, who is also of our opinion. We must therefore ask you to cancel the invoice no. 3479 and to deliver replacement material without delay.

When could we expect this replacement delivery? The material is needed for some important samples that we need to dispatch to our customer by the end of next week.

Awaiting your comments.

Best regards,

Mr. Taylor

cc. Mr. Phillips
    Mrs. Green

TELEFAX

W. Phillips & Co.
17 New Street
Liverpool

AN: Herrn B. Clarke
Wayview

ABSENDER: Herr M. Taylor

Datum: 7. Juni 1998

Betr.: Unser Auftrag Nr. 159/98, Ihre Rechnung Nr. 3479 vom 21. Mai
1998

Sehr geehrter Herr Clarke,

wir beziehen uns auf unseren Auftrag Nr. 159/98 und Ihre Rechnung
Nr. 3479 vom 21. Mai 1998. Das Material, das Sie vorletzte Woche
geliefert haben, ist nicht akzeptabel. Der Stoff ist in der Mitte zerrissen
und die Ränder sind nicht sauber genäht. Wir haben das ganze Material
überprüft und müssen leider feststellen, dass der Inhalt aller Kartons
fehlerhaft ist.

Wir haben mit unserem Kunden Kontakt aufgenommen, und er ist völlig
unserer Meinung. Wir müssen Sie daher bitten, die Rechnung Nr. 3479
zu stornieren und sofort eine Ersatzlieferung vorzunehmen.

Wann können wir diese Ersatzlieferung erwarten? Wir brauchen das
Material für einige wichtige Muster, die wir bis Ende nächster Woche an
unseren Kunden abschicken müssen.

In Erwartung Ihrer Rückantwort verbleibe ich

mit freundlichen Grüßen,

M. Taylor

Verteiler: Herr W. Phillips
            Frau C. Green

FAX MESSAGE

Walsh Electronics Co.
5 New Lane
Edinburgh

TO: Ms. C. Schmidt
Wagner Maschinenbau GmbH

FROM: Robert Jeffries

Date: 21 September 1998

Ref.: Your order 729/98 dd. September 2nd

Dear Claudia,

We regret to have to inform you that order 729/98 dd. September 2nd
will not be ready for dispatch on this coming Friday as originally confirmed. One of our machines has broken down, which in turn affects the
whole production line, and until this can be mended our production is at
a complete standstill. As a result all our orders are affected, not just
yours for this particular item. We are hoping that the maintenance
people will be able to start work this morning, and all being well our
machines will be running again by tomorrow afternoon.

Unfortunately I cannot let you have a more concrete answer as con-
cerns dispatch until we know how long the repair work will take. I will of
course let you know as soon as we have some firm answers. Half of the
order is already complete and so we could at least send a part of the
order if necessary. Please advise how we should proceed.

We apologise again for this delay and for any inconvenience that this
may cause, but hope that we can settle this matter promptly.

Thank you and kind regards,

Robert Jeffries

TELEFAX

Walsh Electronics Co.
5 New Lane
Edinburgh

AN: Fr. C. Schmidt
Wagner Maschinenbau GmbH

VON: Robert Jeffries

Datum: 21. September 1998

Betr.: Ihre Bestellung 729/98 vom 2. September

Liebe Claudia,

wir bedauern, Ihnen mitteilen zu müssen, dass der Auftrag 729/98 vom 2. September nicht wie ursprünglich bestätigt am kommenden Freitag zum Versand kommen kann. Eine unserer Maschinen hat versagt, wodurch die ganze Linie betroffen ist. Bis der Schaden behoben ist steht unsere gesamte Produktion still. Dies hat Auswirkungen auf alle unsere Aufträge, nicht nur Ihren, über diesen bestimmten Artikel. Wir hoffen, dass unser Wartungspersonal noch heute Vormittag mit der Reparatur anfangen kann, und wenn alles gut geht, können die Maschinen schon morgen Nachmittag wieder anlaufen.

Ich kann Ihnen leider, was den Versand betrifft, keine konkretere Antwort geben, bis wir wissen, wie lange die Reparaturarbeiten dauern werden. Ich werde Sie selbstverständlich informieren, sobald wir genauere Antworten haben. Die Hälfte des Auftrags ist bereits fertig, und wir könnten – wenn notwendig – zumindest einen Teil des Auftrags verschicken. Bitte geben Sie mir Bescheid.

Wir bitten nochmals um Entschuldigung für diese Verzögerung und für eventuelle Unannehmlichkeiten. Wir hoffen aber, dass wir diese Angelegenheit schnellsten abschließen können.

Mit freundlichen Grüßen,

Robert Jeffries

Protokolle

Minutes of the meeting held on July 15th 1998 at Walter Hughes Ltd.

Participants:
Mr. W. Hughes
Mr. S. Davies
Mr. R. Humphries
Mr. L. Collins

1. Annual sales to date.

Mr. S. Davis of the sales department reported that the sales as per 30 June 1998 showed an increase of 12% compared to the previous year. This was seen as a positive development and could partly be attributed to the generally positive market trends in all lines of business.

2. Sales strategy.

It was agreed that the present sales strategies are successful and should be continued. New sales should be sought in the Far East, particularly in China. Mr. S. Davies will report on the development at our next quarterly meeting in October.

3. Production.

Mr. R. Humphries of the production department presented the figures for the half year to June 30th. These showed a trend to more cost-effective production, which should be continued. There are still too many stoppages for repair and maintenance work. It was agreed to further analyse this area and present more detailed results in October.

4. Miscellanous.

Several complaints from the staff regarding the new computer system. Mr. W. Hughes will discuss this personally with Mr. Matthews from the EDP department.
Christmas shutdown agreed from December 23rd to January 3rd.
Customers to be informed by the sales department.

The date for the next meeting was set for October 20th.
18-07-98 wh/fl

Protokoll der Besprechung vom 15. Juli 1998 bei Walter Hughes Ltd.

Teilnehmer:
Herr W. Hughes
Herr S. Davies
Herr R. Humphries
Herr L. Collins

1. Jahresumsatz bis dato.

Herr S. Davies, Vertrieb, berichtete, dass die Umsätze bis 30. Juni 1998 einen Zuwachs von 12% gegenüber dem Vorjahr aufwiesen. Dies wurde als eine positive Entwicklung bewertet und könnte teilweise auf die allgemein positiven Markttrends in allen Branchen zurückzuführen sein.

2. Verkaufsstrategie.

Man war sich einig, dass die gegenwärtigen Verkaufsstrategien erfolgreich sind und daher weitergeführt werden sollen. Neue Märkte sollen im Fernen Osten, vor allem in China, gesucht werden. Herr S. Davies wird bei der nächsten Quartalsbesprechung im Oktober über die Entwicklung berichten.

3. Produktion.

Herr R. Humphries, Produktion, präsentierte die Zahlen für das Halbjahr bis zum 30. Juni. Es zeigte sich ein Trend zu einer kosteneffektiveren Produktion, der fortgeführt werden sollte. Immer noch gibt es zu viele Unterbrechungen für Reparatur- und Wartungsarbeiten. Es wurde vereinbart, diesen Bereich weiter zu analysieren und detailliertere Ergebnisse im Oktober vorzustellen.

4. Sonstiges.

Mehrere Beschwerden vom Personal wegen des neuen Computersystems. Herr W. Hughes wird dies mit Herrn Matthews von der EDV-Abteilung persönlich besprechen.
Weihnachtsferien wurden festgelegt vom 23. Dezember bis 3. Januar. Die Kunden werden von der Verkaufsabteilung informiert.

Der Termin für die nächste Besprechung wurde für den 20. Oktober vorgemerkt.

18.07.98 wh/fl

E-Mail

Date: 10 December 1997
From: phildaniel@erba.arl
To: ugreen@xxtu.cam
CC:

Subject: Your order no. 123 of 12 units of article 2 in colour grey

Dear Ms. Green,

I would like to confirm your order dated December 4th 1997. Since we have this article in stock, we will be able to dispatch it this week. The invoice will be enclosed as usual.
Please note that we will shut down our plant for Christmas from December 22nd 1997 to January 7th 1998.

With best regards,
                P. Daniel

Datum: 10. Dezember 1997
Von: phildaniel@erba.arl
An: ugreen@xxtu.cam
Verteiler:

Thema: Ihr Auftrag Nr. 123 über 12 Einheiten des Artikels 2 in grau

Sehr geehrte Frau Green,

hiermit möchte ich Ihren Auftrag vom 4.12.1997 bestätigen. Da wir diesen Artikel auf Lager haben, können wir ihn noch diese Woche verschicken. Die Rechnung wird, wie immer, beigelegt.
Bitte beachten Sie, dass wir unsere Fabrik über Weihnachten vom 22.12.97 bis zum 7.1.98 schließen werden.

Mit freundlichen Grüßen,
                P. Daniel

VI. Geschäftliche Besprechungen

Für die Engländer sind Geschäftsbesprechungen ausgesprochen wichtig und gehören zur Arbeit fest dazu. Sogar relativ unwichtige Entscheidungen werden diskutiert und abgestimmt. Wichtige Besprechungen werden weit im Voraus geplant, und man lässt den Teilnehmern vorab eine detaillierte Tagesordnung zukommen, damit sie sich vorbereiten können. Die meisten Sitzungen sind eher informell und beginnen und enden mit Smalltalk. Allerdings herrscht trotzdem eine gewisse Disziplin: vorzeitiges Verlassen oder Telefonate während der Präsentation oder der Diskussion sind ausgesprochen unangemessen. Obwohl es bei Diskussionen sehr lebhaft zugehen kann, ist die Loyalität gegenüber dem Vorgesetzten und der Firma größer als tief gehende Meinungsverschiedenheiten. Eine Besprechung ohne greifbare Ergebnisse wird zwar als Misserfolg gesehen, trotzdem gehört es nicht zum guten Ton, die anderen Teilnehmer vorab mithilfe einer Lobby zu beeinflussen.

Anders dagegen in den USA. Hier sind Geschäftsbesprechungen in erster Linie Kommunikationsmittel um Informationen auszutauschen und zu sammeln. Der Referent hat die Möglichkeit, seine Vorschläge zu präsentieren, die Anregungen seiner Kollegen zu hören und diese anzunehmen oder zu verwerfen. Ziel ist nicht die Entscheidungsfindung oder Problemlösung an sich, sondern zu prüfen, wie kompetent der Referent ist, und wie groß sein Wissen. Auf allen Ebenen der Kommunikation ist es ausgesprochen wichtig, Kompetenz und Professionalität zu zeigen. Ein Problem ohne Lösungsvorschlag oder die notwendigen Fakten anzubringen, in der Erwartung, dass während der Sitzung gemeinsam mit den anderen Teilnehmern eine Lösung erarbeitet werden kann, gilt als Zeichen der Schwäche und Inkompetenz. Da die Amerikaner im Lobbying nichts Verwerfliches sehen, und dieses als willkommenes Mittel der Entscheidungsforcierung unterstützen, stehen die Ergebnisse der Abstimmung oft schon von vornherein fest. Läuft dennoch etwas falsch, dann sind nicht alle Teilnehmer gleichermaßen verantwortlich. Es ist allein der Vorgesetzte, der die Verantwortung für das Scheitern zu tragen hat. Amerikaner verfolgen ihr persönliches Ziel und das der Firma mit großer Direktheit und erscheinen Europäern in Diskussionen deshalb manchmal aggressiv.

Presentation

We will schedule our next quarterly meeting for ...
We should notify the participants of the next annual production meeting as soon as possible.

Präsentation

Wir werden unsere nächste Quartalsbesprechung für ... ansetzen.
Wir sollten die Teilnehmer der nächsten Jahresproduktionsbesprechung so schnell wie möglich benachrichtigen

Handouts containing the agenda should be sent out beforehand to everybody.	Tischvorlagen mit der Tagesordnung sollten vorab an alle verschickt werden.
Will all the staff be able to come?	Wird die gesamte Belegschaft kommen können?
Shall we postpone the meeting?	Sollen wir die Besprechung auf später verschieben?
Should we settle on a later date?	Sollten wir uns auf einen späteren Termin einigen?
Would it be better to cancel the meeting altogether?	Wäre es besser, die Besprechung ganz abzusagen?
Ladies and gentlemen, welcome to today's meeting.	Meine Damen und Herren, ich begrüße Sie zu der heutigen Sitzung.
Ladies and gentlemen, I am happy to welcome you to our annual business meeting.	Meine Damen und Herren, ich freue mich, Sie zu unserer jährlichen Geschäftsbesprechung willkommen zu heißen.
Welcome and thank you for coming today.	Herzlich willkommen, und vielen Dank, dass Sie heute erschienen sind.
Ladies and gentlemen, we are gathered here today to listen to Mrs. Smith's presentation on ...	Meine Damen und Herren, wir haben uns heute hier versammelt, um Frau Smiths Präsentation über ... zu hören.
We have an extremely important session today.	Wir haben heute eine ausgesprochen wichtige Sitzung.
This month's meeting will have the following subject: ...	Die Besprechung dieses Monats hat folgendes Thema: ...
The subject of tomorrow's session has been decided on by Mr. ...	Das Thema der morgigen Sitzung hat Herr ... bestimmt.
Mr. Daniel's talk on ... will introduce us to today's topic.	Herrn Daniels Vortrag ... wird uns in das heutige Thema einführen.
It is my pleasure to introduce our guest, Mrs. Green, to you.	Es ist mir eine Freude, Ihnen unseren Gast, Frau Green, vorzustellen.
We are pleased to have Mr. Alfons as our guest.	Wir freuen uns, Herrn Alfons als unseren Gast zu haben.
I am sorry to announce that Mr. Wilbert will be late.	Es tut mir Leid, Ihnen mitzuteilen, dass Herr Wilbert sich verspäten wird.
We will begin the meeting in five minutes.	Wir werden in fünf Minuten mit der Besprechung beginnen.
I hope that we will have an interesting discussion.	Ich hoffe, dass wir eine interessante Diskussion haben werden.

We will start even if not everybody has arrived.	Wir werden beginnen, auch wenn noch nicht alle da sind.
Handouts are provided for every member.	Jedes Mitglied bekommt eine Tischvorlage.
The agenda has been handed out in advance.	Die Tagesordnung ist schon vorab ausgeteilt worden.
Everybody should be in possession of a detailed description of today's topic.	Jeder sollte im Besitz einer detaillierten Beschreibung des heutigen Themas sein.
On the handout you can see this meeting's agenda.	Der Tischvorlage können sie die Tagesordnung dieser Besprechung entnehmen.
The meeting will follow the items on the agenda.	Die Sitzung wird den Punkten der Tagesordnung folgen.
Items can be added to today's agenda.	Der Tagesordnung können Punkte hinzugefügt werden.
Items can be deleted from the agenda.	Es können Punkte von der Tagesordnung gestrichen werden.
We need somebody to keep the minutes.	Wir brauchen jemanden, der Protokoll führt.
Somebody has to be appointed to keep the minutes.	Irgendjemand muss dazu ernannt werden, Protokoll zu führen.
Mr. Wilson, would you be so kind to keep the minutes today?	Herr Wilson, wären Sie so freundlich, heute Protokoll zu führen?
If nobody volunteers I will have to appoint someone.	Falls sich niemand freiwillig meldet, muss ich jemanden ernennen.
Before going into detail I will give you the necessary background information.	Bevor ich ins Detail gehe, werde ich Ihnen die notwendigen Hintergrundinformationen geben.
I am going to confront you with some controversial issues.	Ich werde Sie mit einigen sehr umstrittenen Punkten konfrontieren.
Some problematic aspects will be raised during Mr. Daniel's talk.	Während Herrn Daniels Vortrag werden einige problematische Aspekte aufgeworfen werden.
Due to the controversial topic of the presentation we will probably have a very lively discussion.	Auf Grund des umstrittenen Themas der Präsentation werden wir wahrscheinlich eine sehr lebhafte Diskussion haben.
Could you please hold back all questions and comments until after I am done?	Könnten Sie bitte alle Fragen und Anmerkungen zurückhalten bis ich fertig bin?
I would prefer answering any questions after having finished my talk.	Ich würde es vorziehen, Fragen erst zu beantworten, nachdem ich meinen Vortrag beendet habe.

If any questions arise please do not hesitate to interrupt me.	Falls irgendwelche Fragen aufkommen scheuen Sie sich bitte nicht, mich zu unterbrechen.
Ms. Maier will be happy to react to your comments any time	Frau Maier wird gerne jederzeit auf Ihre Kommentare eingehen.
Please feel free to interrupt me any time.	Bitte zögern Sie nicht, mich jederzeit zu unterbrechen.
After the presentation there will be enough time for questions and comments.	Im Anschluss an die Präsentation wird genug Zeit für Fragen sein.
After the first half of the presentation there will be a break of ten minutes.	Nach der ersten Hälfte der Präsentation wird es eine Pause von zehn Minuten geben.
I will begin my presentation with giving you an overview of ...	Ich werde meine Präsentation damit beginnen, Ihnen einen Überblick über ... zu geben.
We will use foils to present the facts.	Wir werden Folien verwenden, um die Tatsachen darzustellen.
Pie charts are best suited for the presentation of percentages.	Kreisdiagramme sind am geeignetsten für prozentuale Darstellungen.
He will be using flip charts to illustrate ...	Er wird Flipcharts zur Verdeutlichung ... benutzen.
To show you ... I have brought some slides.	Um Ihnen ... zu zeigen, habe ich einige Dias mitgebracht.
This short film will introduce you to ...	Dieser kurze Film wird Sie mit ... vertraut machen.
I have brought a video to demonstrate ...	Ich habe ein Video mitgebracht, um zu zeigen, ...
From this table you can see ...	Aus dieser Tabelle können Sie ... entnehmen.
For this, two factors are responsible. First, ... Second, ...	Hierfür sind zwei Faktoren verantwortlich. Erstens, ... Zweitens, ...
I believe that there are several reasons. Firstly, ... Secondly, ...	Ich glaube, dass es verschiedene Gründe gibt. Erstens, ... Zweitens, ...
The main reason for this is, ...	Der Hauptgrund hierfür ist, ...
Furthermore, ...	Darüber hinaus/des Weiteren ...
Consequently, ...	Folglich ...
Therefore/because of this ...	Deshalb/deswegen ...
In addition, ...	Zusätzlich, ...
There are still the following aspects of the problem to talk about ...	Über folgende Aspekte des Problems müssen wir noch sprechen ...
I almost forgot to tell you ...	Beinahe vergaß ich, Ihnen zu sagen, dass ...

I think that we have finally found a compromise.	Ich glaube, dass wir endlich einen Kompromiss gefunden haben.
The following suggestions have been made.	Folgende Vorschläge sind gemacht worden.
To present a possible way out of this conflict was the intention of my presentation.	Ziel meiner Präsentation war, einen möglichen Weg aus diesem Konflikt aufzuzeigen.
I hope that no misunderstandings will result from this paper, which I have presented here.	Ich hoffe, dass aus dem Aufsatz, den ich hier vorgestellt habe, keine Missverständnisse erwachsen.
To sum up ...	Um es zusammenzufassen ...
Finally I should say that ...	Abschließend sollte ich sagen, dass ...
With the following quotation I will bring my presentation to an end.	Mit dem folgenden Zitat möchte ich meine Präsentation beenden.
With this last statement we should open the discussion.	Mit dieser letzten Feststellung sollten wir die Diskussion eröffnen.
You may now ask all questions that arose during my presentation.	Sie dürfen jetzt sämtliche Fragen stellen, die während meiner Präsentation aufgekommen sind.
I am now willing to answer any questions.	Ich bin jetzt bereit, Fragen zu beantworten.
We can now discuss whatever you would like to be discussed.	Wir können jetzt alles diskutieren, was Sie zur Diskussion stellen möchten.
Now is the time to comment on Mr. Wilbur's point of view, which he has elaborated on this past hour.	Jetzt ist der Zeitpunkt gekommen, Herrn Wilburs Ansicht zu kommentieren, die er in der letzten Stunde ausführlich dargelegt hat.
Thank you, ladies and gentlemen, for being here today.	Meine Damen und Herren, vielen Dank, dass Sie heute gekommen sind.
Thank you for your attention.	Vielen Dank für Ihre Aufmerksamkeit.
Thats's all for now, thank you for listening.	Das ist für's erste alles; danke, dass Sie zugehört haben.
I think we should call it a day and leave this problem for the time being.	Ich denke, wir sollten Feierabend machen und dieses Problem vorläufig beiseite lassen.
A: I think we should schedule our next quarterly meeting for Monday next week.	A: Ich denke, wir sollten unsere nächste Quartalsbesprechung für Montag kommende Woche ansetzen.

B: That's a good idea, but then we should notify everybody as soon as possible. We should also send out handouts containing the agenda.

A: O.k., I will do this tomorrow. Do you think that all the staff will be able to come?
B: I don't know. If not, we can always postpone the meeting to a later date.
A: I hope that we will not have to cancel the meeting altogether.

A: Ladies and gentlemen, welcome to today's meeting. We are here to listen to Mrs. Smith's presentation on the recent marketing strategies of our European branches. Mrs. Smith, thank you for being here. Will you be so kind and tell us how you will proceed?

B: Thank you. I am pleased to be here today. Before I begin, I will show you a short film about the changes in the European market situation over the last years. My presentation will then cover several very controversial aspects and I hope that we will have a very lively discussion afterwards. If you have any questions, feel free to interrupt me any time.

A: We are pleased to have Mr. Alfons, sales coordinator of our Russian branch, as our guest today. His presentation is not on the agenda but will nevertheless be an important addition to our topic.

B: Das ist eine gute Idee, aber wir sollten dann jeden so schnell wie möglich benachrichtigen. Außerdem sollten wir Handzettel mit der Tagesordnung verschicken.

A: In Ordnung. Das werde ich morgen machen. Glauben Sie, dass die gesamte Belegschaft kommen kann?
B: Ich weiß nicht. Falls nicht, können wir die Besprechung immer noch auf einen späteren Termin verschieben.
A: Ich hoffe, dass wir die Besprechung nicht ganz absagen müssen.

A: Meine Damen und Herren, herzlich willkommen zur heutigen Besprechung. Wir sind hier, um Frau Smiths Präsentation der aktuellen Marketingstrategien unserer europäischen Filialen zu hören. Frau Smith, vielen Dank, dass Sie heute hier sind. Würden Sie uns bitte sagen, wie Sie verfahren werden?
B: Danke. Ich freue mich, heute hier zu sein. Bevor ich anfange, werde ich Ihnen einen kurzen Film über die Veränderungen der europäischen Marktsituation über die letzten Jahre hinweg zeigen. Meine Präsentation wird dann einige sehr umstrittene Aspekte abhandeln, und ich hoffe, dass wir danach eine sehr lebhafte Diskussion haben werden. Sollten Sie irgendwelche Fragen haben, können Sie mich jederzeit gerne unterbrechen.

A: Wir freuen uns, Herrn Alfons, den Verkaufskoordinator unserer russischen Filiale, heute als unseren Gast zu haben. Seine Präsentation steht zwar nicht auf der Tagesordnung, aber sie wird dennoch eine wichtige Ergänzung unseres Themas sein.

A: Good morning, ladies and gentlemen. I am pleased to welcome Mr. Daniel of Talcum Industries as our guest. Mr. Daniel's talk on the possibilities of entry into the Chinese market will introduce us to today's topic. Mr. Daniel will you please begin?

B: Thank you. I am glad to be here. I will begin my presentation with giving you an overview of last year's development of the sales figures of different European companies. In order to present the facts, I will use overhead foils. To illustrate the percentage of European companies in the Chinese market, I have decided that pie charts are most convenient.

A: Mr. Daniel, sorry to interrupt you, but before you go into detail could you please give us the necessary background information?

B: Of course. That is what I had in mind. But could you then please hold back any questions and comments until after the first part of my presentation?

A: To show you the present situation, I have brought some slides. Later on we can watch a video which shows how our Brazilian partners have set up the production. From this table you can see how much the foundation of the NAFTA has affected import rates from Mexico. The following suggestions have been made to end this intolerable situation.

A: Guten Morgen, meine Damen und Herren. Ich freue mich, Herrn Daniel von Talcum Industries als unseren Gast willkommen zu heißen. Herrn Daniels Vortrag über die Möglichkeiten des Markteinstiegs in China wird uns in das heutige Thema einführen. Herr Daniel, würden Sie bitte beginnen?

B: Danke. Ich freue mich, hier zu sein. Ich werde meine Präsentation damit beginnen, Ihnen einen Überblick über die Entwicklung der letztjährigen Verkaufszahlen verschiedener europäischer Firmen zu geben. Um die Fakten darzustellen, werde ich Overhead-Folien verwenden. Ich habe beschlossen, dass für die Darstellung der Prozentanteile europäischer Firmen auf dem chinesischen Markt Kreisdiagramme am geeignetsten sind.

A: Herr Daniel, entschuldigen Sie, dass ich Sie unterbreche, aber könnten Sie uns bitte die nötigen Hintergrundinformationen geben, bevor Sie ins Detail gehen?

B: Sicher. Das hatte ich vor. Aber könnten Sie dann bitte alle Fragen und Anmerkungen bis nach dem ersten Teil meiner Präsentation zurückhalten?

A: Um Ihnen die aktuelle Situation zu zeigen, habe ich einige Dias mitgebracht. Später können wir uns ein Video anschauen, das zeigt, wie unsere brasilianischen Partner die Produktion eingerichtet haben. Aus dieser Tabelle können Sie entnehmen, wie stark sich die Gründung der NAFTA auf die Importraten aus Mexiko ausgewirkt hat. Folgende Vorschläge sind zur Beendigung dieser unerträglichen Situation gemacht worden.

A: I come now to the last point of my presentation. ... To sum up, we can say that there seem to be several ways to solve this problem. The intention of my talk was to confront you with different alternative solutions. Thank you for your attention.

A: Finally, all I have to say is that I think we should leave this aspect of the problem for the time being and call it a day. Good bye, ladies and gentlemen, and thank you for being here. We will meet here again next week.

A: Ich komme nun zum letzten Punkt meiner Darstellung. ... Zusammenfassend können wir sagen, dass es mehrere Wege zu geben scheint, dieses Problem zu lösen. Ziel meines Vortrags war es, Sie mit verschiedenen alternativen Lösungen zu konfrontieren. Vielen Dank für Ihre Aufmerksamkeit.

A: Abschließend bleibt mir nur zu sagen, dass ich denke, wir sollten diesen Aspekt des Problems für heute beiseite lassen und Feierabend machen. Auf Wiedersehen, meine Damen und Herren, vielen Dank, dass Sie hier waren. Nächste Woche werden wir uns wieder hier treffen..

Argumentation

Argumentation

I think that ...
I believe that ...
I am convinced that ...
I am sure/certain that ...
I am absolutely sure that ...
In my opinion ...
From my point of view ...

In my eyes ...
I presume/assume that ...
As I see it ...
I am persuaded that ...
I am positive that ...
To begin with, I would like to say this: ...
The first reason for this I would like to mention is ...
Second/secondly there is ... to talk about.
In addition, we shouldn't forget that ...
Furthermore ...

Ich denke, dass ...
Ich glaube, dass ...
Ich bin überzeugt davon, dass ...
Ich bin sicher, dass ...
Ich bin absolut sicher, dass ...
Meiner Ansicht nach ...
Von meinem Standpunkt aus gesehen ...
In meinen Augen ....
Ich nehme an/vermute, dass ...
So wie ich das sehe ...
Ich bin überzeugt, dass ...
Ich bin (mir) ganz sicher, dass ...
Eingangs würde ich gerne Folgendes sagen: ...
Der erste Grund hierfür, den ich erwähnen möchte ist ...
Zweitens sollten wir über ... sprechen.
Zudem sollten wir nicht vergessen, dass ...
Ferner/des Weiteren ...

Moreover ...	Darüber hinaus ...
I would like to add ...	Ich würde gerne ... hinzufügen.
Not only ... but also ...	Nicht nur ... sondern auch.
On the one hand...on the other hand ...	Einerseits ... andererseits ...
In general ...	Im Allgemeinen ...
Generally speaking ...	Allgemein gesprochen ...
On the whole ...	Im Großen und Ganzen ...
All in all ...	Alles in allem ...
Nevertheless I should not forget to mention ...	Nichtsdestotrotz sollte ich nicht vergessen, zu erwähnen ...
In spite of ...	Trotz ...
Despite the fact that ...	Trotz der Tatsache, dass ...
However ...	Aber/trotzdem/jedoch ..
Although ...	Obwohl ...
Instead of ...	Statt/anstatt ...
Instead, ...	Stattdessen ...
Therefore ...	Deshalb/deswegen ...
For that reason ...	Darum/aus diesem Grund ...
I don't believe that this is feasible.	Ich glaube nicht, dass dies machbar ist.
I am not at all convinced.	Ich bin überhaupt nicht davon überzeugt.
I am not quite sure if I can agree.	Ich bin nicht ganz sicher, ob ich dem zustimmen kann.
What if you are wrong?	Was ist, wenn Sie sich irren?
Could it be that you got something wrong here?	Könnte es sein, dass Sie hier etwas falsch verstanden haben?
Are you certain that this is right?	Sind Sie sicher, dass dies richtig ist?
I am afraid I cannot follow your argument.	Ich fürchte, ich kann Ihrem Argument nicht folgen.
Could you please go more into detail?	Könnten Sie bitte mehr ins Detail gehen?
Wouldn't it be better if we sticked to the subject?	Wäre es nicht besser, wenn wir beim Thema blieben?
It might be better if ...	Es wäre vielleicht besser, wenn ...
What about Mr. Fielding's proposal?	Was ist mit Herrn Fieldings Vorschlag?
Shouldn't we take into account other opinions on this subject?	Sollten wir nicht andere Meinungen zu diesem Thema berücksichtigen?
Maybe you should consider what Ms. Green said earlier.	Vielleicht sollten Sie bedenken, was Frau Green vorhin gesagt hat.
Why don't you tell us more about ...?	Warum erzählen Sie uns nicht mehr zu ... ?

I agree with most of what you presented here, yet don't you think that ...

Have you thought about looking at this problem from a different angle?

Everything you said is fine, but one could also take other aspects into account.

I wonder if you have taken into account that ...

Aren't there more sides to this issue?

You are right with what you are saying.

Yes, you could also look at it from this point of view.

Let me see ...

Yes, you could actually be right.

No, I think you are mistaken.

Really, I am convinced that one couldn't say it this way at all.

Are you really convinced that this is a realistic project?

Excuse me, Madam/Sir, may I interrupt you?

Sorry to break in, but ...

Excuse me, may I ask you a question?

I would like to say a few words.

There is something I would like to say.

It would be good if we could have other opinions on that.

If I might just add something?

Let me conclude with the following statement: ...

To wrap up this discussion, ...

Dem meisten von dem, was Sie hier vorgestellt haben stimme ich zu, aber denken Sie nicht, dass ...

Haben Sie daran gedacht, dieses Problem aus einem anderen Blickwinkel zu betrachten?

Alles, was Sie gesagt haben ist schön und gut, aber man könnte auch andere Aspekte in Betracht ziehen.

Ich frage mich, ob Sie ... berücksichtigt haben, dass ...

Hat diese Angelegenheit nicht mehrere Seiten?

Sie haben Recht, mit dem was Sie sagen.

Ja, Sie könnten es auch aus dieser Sicht sehen.

Lassen Sie mich sehen ...

Ja, Sie könnten tatsächlich Recht haben.

Nein, ich denke, dass Sie hier falsch liegen.

Wirklich, ich bin davon überzeugt, dass man das so überhaupt nicht sagen kann.

Sind Sie wirklich überzeugt davon, dass es sich um ein realistisches Projekt handelt?

Entschuldigen Sie, meine Dame/mein Herr, darf ich Sie unterbrechen?

Tut mir Leid, dass ich Sie unterbreche, aber ...

Entschuldigen Sie, darf ich Ihnen eine Frage stellen?

Ich würde gerne einige Worte sagen.

Ich würde gerne etwas sagen.

Es wäre gut, wenn wir auch andere Meinungen dazu hören könnten.

Wenn ich dazu etwas hinzufügen dürfte?

Lassen Sie mich mit der folgenden Feststellung abschließen: ....

Um diese Diskussion zusammenzufassen ...

Before coming to a hasty decision we should leave it here.

I believe that most of us are opposed to this suggestion.
I am afraid we cannot back up your proposal.
I am sorry, but we cannot support your idea.
It is impossible to accept this offer.

I am absolutely sure that this point will not be accepted.
We will definitely not pursue this option.

A: Mr. Daniel, I am sure that most of us agree with you when you are saying that we should change our marketing strategies. However, I am not at all convinced that the suggestions you made are feasible.

B: Despite the fact that you seem to disagree, I believe that those strategies are realistic. Not only do we have to look at the future of our company in Germany, but we also have to take into account developments in other European countries. Therefore, in my eyes, new ideas are absolutely necessary.

A: What you are saying is fine, yet don't you think that we have to keep in mind our budget as well?

B: Yes, you may be right ...
C: Sorry for interrupting. May I just ask a question? I am afraid I cannot follow your arguments. Could you go more into detail, please?

Bevor wir zu einer übereilten Entscheidung kommen sollten wir es hierbei belassen.
Ich glaube, dass die meisten von uns diesen Vorschlag ablehnen.
Ich befürchte, dass wir diesen Vorschlag nicht unterstützen können.
Es tut mir Leid, aber wir können Ihre Idee nicht unterstützen.
Es ist (uns) unmöglich, dieses Angebot anzunehmen.
Ich bin absolut sicher, dass dieser Punkt nicht akzeptiert werden wird.
Wir werden diese Option auf keinen Fall weiterverfolgen.

A: Herr Daniel, ich bin sicher, dass die meisten von uns zustimmen wenn Sie sagen, dass wir unsere Marketingstrategien ändern sollten. Trotzdem bin ich überhaupt nicht davon überzeugt, dass die Vorschläge, die Sie gemacht haben, umsetzbar sind.

B: Trotz der Tatsache, dass Sie mir nicht zuzustimmen scheinen, glaube ich, dass diese Strategien realistisch sind. Wir müssen nicht nur die Zukunft unserer Firma in Deutschland sehen, sondern auch Entwicklungen in anderen europäischen Ländern in Betracht ziehen. Deshalb sind in meinen Augen neue Ideen absolut notwendig.

A: Was Sie sagen ist schön und gut, aber denken Sie nicht, dass wir auch unser Budget im Auge behalten müssen?

B: Ja, vielleicht haben Sie Recht ...
C: Tut mir Leid, wenn ich Sie unterbreche. Darf ich Sie etwas fragen? Ich fürchte, ich kann Ihren Argumenten nicht folgen. Könnten Sie bitte etwas mehr ins Detail gehen?

A: The main reason for this decline in sales figures is that we have lost one of our best clients. Secondly, the increase in prices that we introduced last year has also affected the sales of this product.

B: Excuse me, Sir, may I interrupt you? I would like to add something.

A: Go ahead, please.
B: Thank you. I assume that you are working with the sales figures from last month. In addition, we should not forget that our company is also affected by the closing of one of our American subsidiaries.

A: Agreeing with all that you talked about I still think that we should go more into detail in certain points. First, in my opinion, there is more than one solution to the problem. Moreover, I am sure that we will find a much cheaper alternative if we tried to adapt our production lines to the new technology. Finally, there is the question of timing that we should talk about. I am absolutely positive that we can save a lot more time than you have estimated.

B: I wonder if you realize that we are talking about different things here. I was not trying to point out just one solution. Instead, I intended to set off a discussion that would help to find the best of several options.

A: Der Hauptgrund für den Rückgang der Verkaufszahlen ist der, dass wir einen unserer besten Kunden verloren haben. Zweitens hat sich auch die Preiserhöhung, die wir letztes Jahr eingeführt haben, auf den Absatz ausgewirkt.
B: Entschuldigen Sie, mein Herr, darf ich Sie unterbrechen? Ich würde gerne etwas hinzufügen.
A: Bitte sehr, fahren Sie fort.
B: Danke. Ich vermute, dass Sie mit den Verkaufszahlen des letzten Monats arbeiten. Zusätzlich sollten wir nicht vergessen, dass unsere Firma auch von der Schließung einer unserer amerikanischen Tochterfirmen betroffen ist.

A: Obwohl ich allem zustimme, worüber Sie gesprochen haben, denke ich trotzdem, dass wir in gewissen Punkten mehr ins Detail gehen sollten. Erstens gibt es, meiner Ansicht nach, mehr als eine Lösung für das Problem. Darüber hinaus bin ich sicher, dass wir eine viel billigere Alternative finden können, wenn wir versuchen, die Produktion an die neue Technologie anzupassen. Schließlich ist da noch die Frage des Timings, über die wir reden sollten. Ich bin ganz sicher, dass wir viel mehr Zeit einsparen können, als Sie veranschlagt haben.
B: Ich frage mich, ob Sie sich bewusst sind, dass wir über verschiedene Dinge sprechen. Ich habe nicht versucht, nur eine Lösung aufzuzeigen. Stattdessen war mein Ziel, eine Diskussion in Gang zu bringen, die uns helfen würde, die beste von verschiedenen Optionen herausfinden.

A: There seems to have been some slight misunderstanding. Could you please go back to your first point and clarify it?
B: Certainly. Let me put this foil on the overhead projector again to illustrate what I had in mind.

A: Ladies and gentlemen, thank you again for coming to this important meeting today. To wrap up our session, the only thing there is to say for me is that I think that we have had a very fruitful discussion. On the one hand it is true that we have not come to an agreement concerning the marketing strategies of our differnt foreign branches in the future. On the other hand we have decided on many other points that are equally important. All in all, I am very satisfied with the result of this meeting. For this reason let me thank you for your participation. I am positive that everybody has learned much today.

A: Hier scheint ein kleines Missverständnis vorzuliegen. Könnten Sie bitte Ihren ersten Punkt noch einmal aufgreifen und klären?
B: Sicherlich. Lassen Sie mich diese Folie noch einmal auf den Overheadprojektor legen um zu veranschaulichen, was ich im Sinn hatte.

A: Meine Damen und Herren, nochmals vielen Dank, dass Sie zu dieser wichtigen Besprechung heute gekommen sind. Um unsere Sitzung zusammenfassend abzuschließen, bleibt mir nur zu sagen, dass ich denke, dass wir eine sehr ergiebige Diskussion hatten. Einerseits konnten wir uns zwar nicht über die Marketingstrategien unserer Auslandsfilialen einigen. Andererseits haben wir über viele andere wichtige Punkte entschieden. Im Großen und Ganzen bin ich mit dem Ergebnis dieser Sitzung sehr zufrieden. Lassen Sie mich Ihnen aus diesem Grund für ihre Teilnahme danken. Ich bin ganz sicher, dass jeder heute viel gelernt hat.

Agreement/Disagreement

I agree.
I agree with you.
I can agree with what you said.

I can see his point.
I absolutely/completely agree with you.
We have come to an agreement.

Yes, you are right.
Maybe you are right.
This is a very good concept.
This is a great idea.

Zustimmung/Ablehnung

Ich stimme zu/bin einverstanden
Ich bin Ihrer Meinung.
Ich kann dem, was Sie sagen, zustimmen.
Ich verstehe, was er meint.
Ich bin absolut/völlig Ihrer Meinung.

Wir sind zu einer Übereinstimmung gelangt/Wir sind uns einig.
Ja, Sie haben Recht.
Vielleicht haben Sie Recht.
Dies ist ein sehr gutes Konzept.
Das ist eine großartige Idee.

I hope that we can continue on such good terms.	Ich hoffe, dass wir unser gutes Verhältnis weiterhin aufrechterhalten können.
I am definitely positive that this is correct.	Ich bin absolut sicher, dass dies richtig ist.
I sympathize with your ideas very much.	Ich bin von Ihren Ideen sehr angetan.
I can support your concept.	Ich kann Ihr Konzept unterstützen.
This is exactly how I see it.	Genauso sehe ich es.
This is exactly my opinion.	Das ist genau meine Meinung.
Me too, I think that this is the only feasible way.	Auch ich denke, dass das der einzig machbare Weg ist.
In my opinion this is the best solution.	Meiner Meinung nach ist dies die beste Lösung.
We couldn't have found a better solution.	Wir hätten keine bessere Lösung finden können.
That's what I think.	Das ist genau, was ich denke.
These are exactly my words.	Das sind genau meine Worte.
There is no need to worry.	Es gibt keinen Grund zur Sorge.
I disagree.	Ich stimme nicht zu/ich bin anderer Meinung.
I disagree with you.	Ich bin anderer Meinung als Sie.
We do not agree.	Wir stimmen nicht zu.
I cannot share your point of view.	Ich kann Ihre Ansicht nicht teilen.
I don't think I can agree with your idea.	Ich denke nicht, dass ich Ihrer Idee zustimmen kann.
I am absolutely opposed to his point of view.	Ich bin absolut gegen seine Ansicht.
In my opinion, his figures are wrong.	Meiner Meinung nach sind seine Zahlen falsch.
As a matter of fact, I am convinced that you are on the wrong track.	Ehrlich gesagt bin ich davon überzeugt, dass Sie auf dem falschen Weg/Dampfer sind.
Actually, I do think that you are mistaken.	Eigentlich denke ich wirklich, dass Sie sich irren.

> Im Englischen kann das Hilfsverb "do" vor das eigentliche Verb gesetzt werden, um dieses zu betonen. So heißt "I do think", "ich denke wirklich". "I do feel bad about this" drückt also nicht nur eine Entschuldigung aus, sondern beeinhaltet auch die Beteuerung "es tut mir wirklich leid".

No, I believe that you are wrong.	Nein, ich glaube, dass Sie falsch liegen.

I absolutely/completely disagree with you.	Ich kann Ihnen absolut/überhaupt nicht zustimmen.
To be honest, don't you think that his suggestion is more realistic?	Um ehrlich zu sein, denken Sie nicht, dass sein Vorschlag realistischer ist?
I'm afraid that we cannot come to an agreement.	Ich fürchte, wir können zu keiner Übereinstimmung kommen.
We still have our doubts about the increase in sales.	Wir haben immer noch Zweifel an der Zunahme der Verkäufe.
I doubt that you have considered everything.	Ich bezeifle, dass Sie alles in Betracht gezogen haben.
I can't quite agree with your statement.	Ich kann Ihrer Feststellung nicht ganz zustimmen.
I am afraid that I cannot share your point of view.	Ich fürchte, dass ich Ihre Ansicht nicht teilen kann.
I am sorry to say that you are gravely mistaken.	Leider muss ich Ihnen sagen, dass Sie sich schwer irren.
I am sorry, but I disagree entirely.	Es tut mir Leid, aber ich bin ganz anderer Meinung.
We can not agree at all.	Wir können überhaupt nicht zustimmen.
I would like to contradict you in this point.	In diesem Punkt würde ich Ihnen gerne widersprechen.
I really have to contradict you here.	Hier muss ich Ihnen wirklich widersprechen.
I am afraid we cannot support your proposal.	Ich fürchte, wir können Ihren Vorschlag nicht unterstützen.
Unfortunately we have to reject your offer.	Leider müssen wir Ihr Angebot ablehnen.
We cannot back up your suggestion.	Wir können Ihren Vorschlag nicht unterstützen.
In principle, I disagree with your concept, but there are certain points with which I can agree.	Im Prinzip stimme ich mit Ihrem Konzept nicht überein, aber einigen Punkten kann ich zustimmen.
I can see what you mean, yet I still think ...	Ich verstehe, was Sie meinen, aber trotzdem denke ich ...
I think that your proposition is very good, however, ...	Ich denke, dass Ihr Antrag sehr gut ist, dennoch ...
I can agree with you on this point, but ...	Ich stimme Ihnen in diesem Punkt zu, aber ...
Although I respect your attitude towards this development, I still think ...	Obwohl ich Ihre Einstellung gegenüber dieser Entwicklung respektiere, denke ich ...
Even though I can understand what you mean, I am opposed to your strategy.	Obwohl ich verstehe, was Sie meinen, lehne ich Ihre Strategie ab.

Although I am not convinced that this is feasible, I believe that we should give it a try.

Obwohl ich nicht überzeugt bin, dass dies machbar ist, glaube ich, dass wir einen Versuch wagen sollten.

Wouldn't it be better if we tried to settle on a compromise?

Wäre es nicht besser, wenn wir versuchten, uns auf einen Kompromiss zu einigen?

What about leaving the differences aside and finding a solution?

Wie wäre es, wenn wir die Meinungsverschiedenheiten beiseite ließen und eine Lösung fänden?

Why can't we decide on the most important issues today and postpone everything else to the next meeting?

Warum können wir nicht über die wichtigsten Punkte heute entscheiden und alles andere auf die nächste Besprechung verschieben?

Is this acceptable to you?

Ist das für Sie akzeptabel?

Would you be willing to support such a proposition?

Würden Sie einen solchen Antrag unterstützen?

Do you think that this would be satisfactory?

Denken Sie, dass dies zufrieden stellend wäre?

Would you have any objections to this idea?

Hätten Sie Einwände gegen diese Idee?

This should be negotiable, don't you think?

Darüber sollten wir verhandeln können, denken Sie nicht?

Would you be prepared to accept this offer?

Wären Sie bereit, dieses Angebot anzunehmen?

If you don't try to understand our point of view, we will not be willing to strike a compromise.

Wenn Sie nicht versuchen, unseren Standpunkt zu verstehen, werden wir nicht bereit sein, einen Kompromiss zu finden.

Provided that ..., I will accept your conditions.

Vorausgesetzt, dass, ... werde ich Ihre Bedingungen akzeptieren.

His solution is as good as mine.

Seine Lösung ist so gut wie meine.

I assume that, in fact, my example is less realistic than yours.

Ich nehme an, dass mein Beispiel in der Tat weniger realistisch ist als Ihres.

This sounds good to me and I think I can accept it.

Das klingt gut und ich denke, ich kann es akzeptieren.

Good then, I will accept your suggestion.

Also gut, ich werde Ihren Vorschlag annehmen.

I am glad that we found a common solution.

Ich bin froh, dass wir eine gemeinsame Lösung gefunden haben.

No, we will not support this compromise.

Nein, wir werden diesen Kompromiss nicht unterstützen.

I still have to reject your offer.

Ich muss Ihr Angebot immer noch zurückweisen

That's all I have to say.
This is my last offer.
There is no way that you can convince me.
There is no chance that we will give in.
He won't ever agree.
We will never say yes.

Das ist alles, was ich zu sagen habe.
Das ist mein letztes Angebot.
Sie werden es nie schaffen, mich zu überzeugen.
Wir werden nie nachgeben.

Er wird niemals zustimmen.
Wir werden niemals Ja sagen.

A: Mr. Wilson, I'm afraid I cannot agree with you on the concept of new marketing strategies. Even though I can accept certain points, I still have my doubts about the realisation of your idea.
B: I cannot see your point here and I am absolutely convinced that I am right.
A: I am sorry, but in my opinion the figures that you presented in your table are wrong.

A: Mr. Wilson, ich fürchte, ich kann Ihnen bei Ihrem Konzept neuer Marketingstrategien nicht zustimmen. Obwohl ich einige Punkte akzeptieren kann, habe ich Zweifel an der Realisierung Ihrer Idee.
B: Ich verstehe nicht, was Sie meinen, und ich bin absolut überzeugt davon, dass ich Recht habe.
A: Es tut mir Leid, aber meiner Meinung nach sind die Zahlen, die Sie in Ihrer Tabelle gezeigt haben, falsch.

A: I hope that we can settle on a compromise between our two companies. We have heard Ms. Green's presentation on the new prototype. Mr. Daniel, would you be willing to support such a proposition and start with the production?

A: Ich hoffe, dass wir uns auf einen Kompromiss zwischen unseren beiden Firmen einigen können. Wir habe Frau Greens Präsentation über den neuen Prototyp gehört. Herr Daniel, würden Sie einen solchen Antrag unterstützen und mit der Produktion beginnen?

B: I am not sure if I can agree with everything Ms. Green said. Although I am not convinced that this plan is feasible, I believe that we should give it a try. Yet, I doubt that you have considered the problem of our tight schedule for the next year.

B: Ich bin nicht sicher, ob ich allem, was Frau Green gesagt hat, zustimmen kann. Obwohl ich nicht davon überzeugt bin, dass der Plan machbar ist, glaube ich, dass wir einen Versuch wagen sollten. Trotzdem bezweifle ich, dass Sie das Problem unseres engen Zeitplans für das kommende Jahr in Betracht gezogen haben.

A: I can see your point, but I think that there is no need to worry. In my opinion this plan is very good. Of course we could change the timing

A: Ich verstehe, was Sie meinen, aber ich denke, dass es keinen Grund zu Sorge gibt. Meiner Meinung nach ist der Plan sehr gut.

a little bit. Would this be satisfactory for you?

B: Yes, I think that this is the only feasible way. This sounds good to me and I think we can accept it.
A: I see that we have come to an agreement.

A: I can support your concept, Mr. Alfons. Would you be willing to support Mr. Black's proposition?
B: No, I'm afraid I cannot share your point of view. I am sorry, but I think that you are gravely mistaken concerning the future market developments in Europe. You are wrong when you are saying that imports will become easier in the future. To be honest, don't you think that Mr. Miller's suggestion is more realistic?

A: I am sorry, but I have to contradict you. We have to find a solution. Provided that Mr. Miller and I can work out a new strategy together, I will accept your conditions. Would you be prepared to accept this offer?

B: There's no need trying to convince us how good your ideas are. As a matter of fact, I am convinced that you are on the wrong track. I'm afraid that we cannot come to an agreement. There's no chance that we will give in.

A: This was a very fruitful discussion. I hope that we can continue on such good terms. Therefore I think that we should leave the differences

Natürlich könnten wir das Timing ein wenig ändern. Wäre das für Sie zufrieden stellend?
B: Ja, ich denke, dass das der einzig machbare Weg ist. Das klingt gut, und ich denke, wir können es akzeptieren.
A: Ich sehe, wir sind uns einig.

A: Ich kann Ihr Konzept unterstützen, Herr Alfons. Wären Sie bereit, Herrn Blacks Antrag zu unterstützen?
B: Nein, ich fürchte, ich kann Ihre Ansicht nicht teilen. Es tut mir Leid, aber ich denke, dass Sie sich in Bezug auf die zukünftigen Marktentwicklungen in Europa schwer irren. Sie liegen falsch, wenn Sie sagen, dass Importgeschäfte in Zukunft einfacher sein werden. Um ehrlich zu sein, denken Sie nicht, dass Herrn Millers Vorschlag realistischer ist?

A: Es tut mir Leid, aber ich muss Ihnen widersprechen. Wir müssen eine Lösung finden. Vorausgesetzt, dass Herr Miller und ich gemeinsam eine neue Strategie erarbeiten können, werde ich Ihre Bedingungen akzeptieren. Wären Sie bereit, dieses Angebot anzunehmen?
B: Sie brauchen gar nicht nicht versuchen, uns davon zu überzeugen, wie gut Ihre Ideen sind. Ehrlich gesagt, bin ich überzeugt, dass Sie auf dem falschen Weg sind. Ich fürchte, wir werden uns nicht einigen können. Wir werden auf keinen Fall nachgeben.

A: Das war ein sehr ergiebige Diskussion. Ich hoffe, dass wir weiterhin ein so gutes Verhältnis aufrechterhalten können. Deshalb denke ich, dass wir

aside and try to find a solution together.

B: This is exactly how I see it. I sympathize with your ideas very much and I can support your concept. If Talcum Industries agrees it should be negotiable, don't you think?
C: I disagree with you. I doubt that you have considered everything.

B: I really have to contradict you here. We have taken every aspect related to the problem into account.

C: Not only do I have my doubts about the figures you presented, but I also believe that your estimation of future sales is wrong.

B: Excuse me, Sir, you are the one who is wrong: the charts and diagrams showed exactly the percentages of different goods sold on the American market.

A: Sirs, although I respect both your attitudes towards this, I still think we should end the discussion. I propose that we decide on the most important issues today and postpone everything else to the next meeting.

die Meinungsverschiedenheiten beiseite lassen sollten, und versuchen, gemeinsam eine Lösung zu finden.
B: Genauso sehe ich es auch. Ich bin von Ihren Ideen sehr angetan und kann Ihr Konzept unterstützen. Wenn Talcum Industries zustimmt, sollten wir darüber verhandeln können, meinen Sie nicht auch?
C: Ich bin nicht Ihrer Meinung. Ich bezweifle, dass Sie alles bedacht haben.
B: Hier muss ich Ihnen wirklich widersprechen. Wir haben jeden Aspekt, der mit dem Problem in Verbindung steht, in Betracht gezogen.
C: Ich habe nicht nur meine Zweifel was die Zahlen angeht, die Sie vorgestellt haben, sondern ich glaube auch, dass Ihre Schätzung zukünftiger Verkäufe falsch ist.
B: Entschuldigen Sie, Sie liegen falsch: die Schaubilder und Diagramme zeigten genau die Prozentanteile verschiedener Güter, die auf dem amerikanischen Markt verkauft werden.
A: Meine Herren, ich respektiere zwar Ihre Meinungen zu diesem Thema, aber ich denke trotzdem, dass wir die Diskussion beenden sollten. Ich schlage vor, dass wir über die wichtigsten Punkte heute entscheiden und alles andere auf die nächste Besprechung verschieben.

Im Umgang mit Engländern und Amerikanern muss man Sinn für Humor beweisen. Besonders während sehr langwieriger Verhandlungen oder bei Schwierigkeiten wird die Situation mit Humor und Witzen aufgelockert. Besonders die Engländer haben einen sehr starken Sinn für Humor, sogar in den schlimmsten Situationen. Sie beherrschen auch die Kunst, am meisten über sich selbst zu lachen.

VII. Anhang - Fachwortschatz

Deutsch-Englisch

Abfall	waste
Abfertigung	
1. (zum Versand)	dispatch
2. (Zollabfertigung)	clearance
Abgabe	tax, duty
ablegen	to file
ablehnen	to reject
Abmachung	deal
Abnahmemenge	purchased quantity
Abnehmer	buyer, purchaser
Abnutzung (natürliche)	wear and tear
Abreisedatum	date of departure
Abruf	call-off
Absatz	sales
Absatzinstrument	marketing tool
Abschlag	reduction
(Jahres-)	financial report
Abschluss	part payment
Abschlagszahlung	
Abschreibung	writing off
1.	depreciation
2. (Wertminderung)	sender
Absender	vote
Abstimmung	department
Abteilung	deduction
Abzug	payment on
Akontozahlung	account
Adresse	address
Adressenliste	mailing list
(Internet)	to modify
ändern	letter of credit
Akkreditiv	irrevocable letter of
unwiderrufliches Akkreditiv	credit
Aktennotiz	memorandum, memo
	share
Aktie	joint stock
Aktiengesellschaft	company

Aktionär	shareholder
Akzept	acceptance
Alleininhaber	sole owner
Alleinvertretung	sole agency, exclusive agency
Alternative	option, alternative
anbieten	to quote
Anbieter	provider
anderer Meinung sein	to disagree
Anfrage	enquiry
Angebot	offer, quotation
Angestellter	employee
Ankauf	purchase
Ankunftsdatum	date of arrival
Anlage	investment
Anleihe	loan
anmerken	to comment
annehmen	to assume, to presume
Anreiz	incentive
Anrufbeantworter	answering machine
Anschaffung	acquisition
Ansicht	opinion, point of view
Ansprechpartner	contact
Antrag	motion, proposition
Antwort	reply
Antwortschein	reply coupon
Anwender	user
Anwendung	application
Anzahlung	deposit, down payment
Anzeige	advertisement
Arbeiter	worker
Arbeitgeber	employer
Arbeitnehmer	employee
Arbeitsvertrag	contract of employment

Argument	point
Artikel	article
Aufbau	development
Aufschlag (Fracht-)	surcharge
Aufsichtsrat	supervisory board, board of directors
Auftrag	order
Auftraggeber	client, purchaser
Auftragnehmer	supplier
Auftrags-bestätigung	order confirmation
Aufwand	expenditure
Ausfuhr	export
Ausfuhr-genehmigung	export licence
Ausfuhrpapiere	export documents
Ausfuhrzoll	export duty
Aushilfe	auxiliary worker
Auskunft	information
Auslandsfiliale	foreign branch
Auslandsgeschäft	foreign business
Auslandsmarkt	foreign market
Auslands-niederlassung	branch abroad, foreign subsidiary
Auslaufmodell	discontinued line
Auslieferungslager	distribution centre
auslösen	to trigger
Ausschreibung	tender
Außendienst	field work
Außenhandel	foreign trade
Außenstand	outstanding debt
Aussteller (eines Wechsels)	drawer
Ausstellung	exhibition
Ausverkauf	clearance sale
Auswirkung	implication
Auszahlung	payment
Autobahngebühr	motorway toll, US: highway toll
Bahn	railway
Bahnhof	station
Bankavis	bank notification
Bankspesen	bank charges
Bargeld	cash
Barscheck	open cheque, uncrossed cheque, US: ... check
Barzahlung	cash payment
Beanstandung	objection
Bedarf	need, demand
bedenken	to consider
Bedingung	condition
Beförderung	
1. (eines Angestellten)	promotion
2. (von Waren)	transport
Beförderungs-bedingungen	terms of conveyance
Beglaubigung	authentication
Begleitpapiere	accompanying documents
Begünstigter	beneficiary
Behörde	authority
Beispiel	example
Beiträge	contributions
belasten	to charge
Belastung	load
Belegschaft	staff
Bemerkung	comment
Benutzer	user
Benutzername	username
Berater	advisor, consultant
Beratung	consultation
Berichtigung	correction
Beschädigung	damage
beschlagnahmen	to confiscate
Beschluss	decision
Beschwerde	complaint
Besitz	possession
besprechen	to discuss
Besprechung	meeting
Bestätigung	confirmation
Bestand	inventory, stock
Bestelldatum	date of order
bestellen	to order
Bestellmenge	orderd quantity
Bestellung	order

Bestimmungsort	place of destination	Dienstwagen	company car
besuchen	to visit	Diktat	dictation
Betrag	amount	Direktion	board of directors
betreffen	to concern	Diskette	disk, diskette
Betrieb	factory, plant	diskontieren	to discount
Betriebsferien	annual holiday	Diskontsatz	discount rate
Betriebskosten	operating costs	Diskretion	confidentiality
Betriebsprüfer	auditor	Disposition	disposal
Bewegungsbilanz	statement of changes in the financial position	Dokument	document
		Dokumente gegen Zahlung	documents against payment
Bezahlung	payment	Dokumenten-akkreditiv	documentary letter of credit
Bezogener	drawee	Drucker	printer
Bilanz	balance sheet	Drucksache	printed matter
Binnenmarkt	home market, domestic market	Duplikat	duplicate
		Durchschnitt	average
Branche	line of business	Durchwahl	extension
Brief	letter	EFTA - Euro-päische Frei-handels-assoziation	EFTA - European Free Trade Association
Briefumschlag	envelope		
Broschüre	brochure		
brutto	gross		
Buchhaltung	accounting department, accountancy	Eilbrief	express letter
		Eilgut	goods sent by express
Budget	budget	Eilzustellung	express delivery
Bürgschaft	guarantee	einführen	1. to introduce
dafür sein	to be in favour of		2. to import
dagegen sein	to be against	Einfuhr	import
Darlehen	loan	Einfuhrbeschrän-kung	import restriction
Darstellung	statement		
Datei	file	Einfuhrerklärung	import declaration
Dateiname	filename	Einfuhrgenehmi-gung	import licence
Datenbank	database		
Datum	date	Einfuhrzoll	import duty, US: duty on importation
Deregulierung	deregulation		
Deutsche Indus-trie-Norm (DIN)	German industrial standards		
		einheimisch	local
Devisen	foreign exchange	Einheit	unit
Diagramm	chart	Einheitspreis	uniform price
Dienstanbieter	access provider	Einigkeit	consensus
Dienstleistung	service	Einkauf	purchase
Dienstleistungs-unternehmen	service industries	Einkäufer	buyer
		Einkaufspreis	purchase price

Einkommensteuer	income tax
Einlagerung	storage
Einschreibebrief	registered letter
beiderseitiges Einvernehmen	mutual understanding
Einzelhandel	retail trade
Einzelhändler	retailer
einstimmig	unanimously
E-Mail	e-mail
Empfangsbestätigung	acknowledgement of receipt
Empfehlung	recommendation
Endprodukt	finished product
Entgelt	compensation (US)
Entschädigung	compensation
Entscheidung	decision
Entsorgung	waste disposal, waste management
Entwicklung	development
Entwurf	draft
Ergebnis	result
Ergebnisbericht	profitability report
erinnern	to remind
Erklärung	
1.(Verdeutlichung)	explanation
2.(Verkündung)	statement, declaration
Erlaubnis	permission
Ermäßigung	reduction, discount
Ersatzlieferung	replacement delivery
Ersatzteil	spare part
erwägen	to consider
erwähnen	to mention
Erzeuger	manufacturer
Erzeugnis	product
Etat	budget
Euro	euro
Euroanleihe	eurobond
Eurodollar	eurodollar
Euromarkt	euromarket
Europäische Union	European Union
Europäische Währungseinheit	European Currency Unit (ECU)
Europäisches Währungssystem	European Monetary System (EMS)
Europäische Wirtschaftsgemeinschaft (EWG)	European Economic Community (EEC)
Europäische Zentralbank	European central bank
Export	export
Fabrik	factory, plant
Fachmann	expert
Fakten	facts
Faktura	invoice
fakturieren	to factor
Fakturierung	invoicing
Fehler	mistake
Feierabend (machen)	to call it a day
feilschen	to haggle
Fertigprodukt	finished product
Fertigstellung	completion
Fertigung	production
Festangebot	firm offer
Festauftrag	firm order
Festpreis	fixed price
Filiale	branch
Finanzen	finances
Finanzierung	financing
Firma	company
Firmenanschrift	company address
Firmenname	trade name
Firmenwagen	company car
Fixkosten	fixed costs
Fixum	fixed sum
Flipchart	flip chart
Folge	result
Folgeauftrag	follow-up order
Folie	foil, transparency
Fonds	fund
Formular	form

Forschung	research
Fracht	freight
Frachtbrief	consignment note, bill of lading
frachtfrei	freight paid
Frachtführer	carrier
Frachtgut	cargo
Frachtkosten	freight costs
Frachtrate	freight rate
frankieren (im Voraus)	to pre-pay postage
Freihandel	free trade
frei Hafen	free port
frei Haus	carriage paid, free delivery, free domicile
frei Lager	free warehouse
frei Schiff	free on board
Frist	period
fristlos	without notice
Führung	management
Gage	fee
Garantie	warranty
Gebrauch	use
Gebühr	fee, toll
gefährden	to jeopardize
Gefahr	danger, hazard
gegen ... sein	to be against, to object to
Gegenzeichnung	countersignature
Gehalt	salary
Geldkurs	buying rate
Genehmigung	
1.	permission
2. (Schein)	permit
Gesamtausgaben	overall spending
Geschäft	business, deal
Geschäftsbericht	business report,
Geschäftsbesprec hung	explanatory notes business meeting
Geschäftsführer	manager
Geschäftsjahr	financial year
Geschäftspartner	business partner
Geschäftsstelle	office
Geschäfts- verbindung	business relation
Geschäftsvorgang	economic transaction
Geschäftszeit	business hours
Gesetz	law
Gesprächstermin	appointment for a meeting
Gewährleistung	warranty
Gewerbe	trade, industry
Gewerbesteuer	trade tax
Gewerkschaft	trade union
Gewicht	weight
Gewinn	profit, surplus
Gewinnspanne	profit margin
glauben	to believe
Gläubiger	creditor
Gleitzeit	flexitime, flextime
Grenzkontrolle	border control
Großabnehmer	bulk buyer
Großhändler	wholesaler
Grund	reason
Grundkenntnisse	basic knowledge
Grundstück	real estate
Gründung	formation
Güter	goods
gutschreiben	to credit
Gutschrift	credit note
Haben	credit
Händler	dealer
Handzettel	handout
Hafen	port, harbour
Hafengebühren	harbour fees
Haftung	liability
Handarbeit	manual work
Handel	trade
handeln (mit)	to merchandise
Handels- bedingungen	trading conditions
Handels- beschränkungen	restraints of trade
Handelsbilanz	balance of trade
Handelsgesell- schaft	trading company

Handelskammer	Chamber of Commerce	Kalenderjahr	calendar year
Handelsklasse	grade	Kalkulation	calculation
Handelsname	trade name	Kampagne	campaign
Handelspartner	trading partner	Kapazität	capacity
Handelsrechnung	commercial invoice	Kapital	capital
Handelsspanne	trading margin	Kapitalfluss- rechnung	statement of changes in the financial position
Händler	trader		
Handwerk	craft, trade	Karteikarte	index card
Herausforderung	challenge	Kartellbehörde	cartel authority
Herkunftsland	country of origin	Kasse gegen Dokumente	cash against documents (CAD)
Hersteller	manufacturer		
Herstellungskosten	production costs	Kassenbuch	cash book
herunterladen	to download	Katalog	catalogue
hinzufügen	to add	Kauf	purchase
Höchstpreis	top price, ceiling price	kaufen	to buy
		Käufer	purchaser
Homepage	home page	Kaufmann	businessman
Honorar	fee	Kaufpreis	purchase price
im Auftrag	by order	Kaufvertrag	contract of sale
im Ausland	abroad	Kaution	security
im Einzelnen	in particular	Klausel	clause
Import	import	Knappheit	shortage
in Kraft	in force	Kommentar	comment
Indossament	in/endorsement	Kommission	commission
Industriegebiet	industrial area	Kompensation	compensation
Industrie- und Handelskammer	Chamber of Industry and Commerce	Kompetenz	competence
		Kompromiss	compromise
		Kondition	condition
Inflation	inflation	Konferenz	conference
Information	information	Konjunktur	economic situation, business cycle
Ingenieur	engineer		
Inhaber	proprietor		
Inkasso	collection	Konjunktur- aufschwung	rebound in economic activity
Inlandsfracht	inland freight		
interaktiv	interactive	Konjunktur- schwankungen	cyclical fluctuations
Interesse	interest		
Interessent	person interested	Konkurrent	competitor
Internet	internet	Konkurrenz	competition
Inventar	inventory	Konkurs	bankruptcy
Investition	investment	Konnossement	bill of lading
Ist-Zahlen	actual figures	Konsignations- lager	consignment stock
Jahresabschluss	annual accounts		
jährlich	annual	Konsolidierung	consolidation

Konsument	consumer
Konsumgüter	consumer goods
Kontingent	quota
Konto	account
Kontoauszug	statement of account
Kontrakt	contract
Kontrolle	control
Konventionalstrafe	contractual penalty
Konzept	concept
Konzern	group
Kooperation	cooperation
Koordination	coordination
Kopie	copy
Körperschaft	corporation
korrigieren	to correct
Kosten	costs
Kostenaufstellung	cost breakdown
kostenlos	free of charge
Kostenrechnung	cost accounting
Kostensenkung	cost reduction
Kostenstelle	cost centre
Kostenvoran-schlag	estimate
Kraftfahrzeug	motor vehicle
Kranken-versicherung	health insurance
Kredit	credit
Kreditfähigkeit	financial standing
Kreditrahmen	credit margin
Kreditversicherung	credit insurance
kreditwürdig	credit-worthy
Kreditzusage	promise of credit
Kreisdiagramm	pie chart
Krise	crisis
Kulanz	fairness
kündbar (Anleihe)	redeemable
Kunde	customer
Kundenauftrag	job order
Kundendienst	after sales service
Kundenkreis	clientele
Kundennummer	customer's reference number
Kundenstamm	regular customers

kündigen	to give notice
Kündigungsfrist	period of notice
Kurs	exchange rate
Kurzarbeit	short-time work
kürzen	to shorten
kurzfristig	short-term
Kuvert	envelope
Ladenpreis	retail price
Ladeschein	bill of lading
Ladung	freight
Lager	warehouse
auf Lager	in stock
Lagerhaltung	stockkeeping
lagern	to store, to stock
Lagerraum	storage space
Lagerung	storage
Land	country
Landweg	by land, by surface
langfristig	long-term
Lastschrift	debit note
Laufzeit	life, term
Leitwährung	key currency
Leitzins	key rate
Lieferant	supplier
Lieferbedingung	term of delivery
Lieferfrist	time for delivery
Lieferschein	delivery note
Liefertermin	delivery date
Lieferung	delivery
Lieferverzug	delay in delivery
Lieferzeit	lead time
Limit	limit
Liquidität	liquidity
Listenpreis	list price
Lizenzvertrag	licence agreement
LKW	lorry, US: truck
lösen	to solve
Lösung	solution
Logisitik	logistics
Lohn	wage
lohnintensiv	wage intensive
Lohnkosten	cost of wages
lokal	local
Lombardsatz	Lombard rate

Luftfracht	airfreight
Luftfrachtbrief	airway bill
Luftpost	air mail
Luftweg	air route
Mahnung	reminder
Mangel	defect
mangelfrei	free of defects
Mannschaft	team
Mappe	folder
Marge	margin
Marginalwert	marginal value
Marke	brand
Markenartikel	brand name article
Markenzeichen	trademark
Marketing	marketing
Markt	market
Marktanalyse	market analysis
Marktanteil	market share, market coverage
Marktforschung	market research
Marktlücke	market gap
Marktschwan-kungen	market fluctuations
Marktwirtschaft	market economy
Marktzugang	entry into the market
Maschine	machine
maschinell	by machine
Maß	measure
maßgefertigt	made to measure
Massenfertigung	mass production
Material	material
Materialkosten	material costs
Mechaniker	mechanic
Mehrarbeit	additional work
Mehrwertsteuer	value added tax (VAT)
Meile	mile
Meinung	opinion
Menge	quantity
Mengeneinheit	quantity unit
Mengenrabatt	quantity discount
Messe	fair, exhibition
Messwerte	measurements
Methode	method
Miete	rent
Minderung	reduction
Mindestabnahme	minimum purchase
Mindestbestell-menge	minimum quantity order
Mindestdauer	minimum duration
Missverständnis	misunderstanding
Mitarbeit	cooperation
Mitglied	member
Mitteilung	information
Mittel	means
mittelfristig	medium-term
Mittelstand	middle class
Modeartikel	fashion article
Modem	modem
modernisieren	modernise
monatlich	monthly
Monopol	monopoly
Montage	installation
mündlich	verbal
Muster	sample
Mustersendung	sample consign-ment
Muttergesellschaft	parent company
Nachbestellung	repeat order
Nachforschung	postdated
nachdatiert	investigation
Nachfrage	demand
Nachfrist	additional period
Nachricht	news
Nachteil	disadvantage
Nachtschicht	night shift
Nachttresor	night safe
Nachzahlung	back payment
NAFTA - Nord-amerikanische Freihandelszone	NAFTA - North American Free Trade Agreement
Nebenkosten	incidental expenses, incidentals
Nebenprodukt	by-product
Nennwert	nominal value
netto	net

Nettopreis	net price
Netz(werk) (Computer)	net
nichtig	void
Niederlassung	1. registered office 2. branch
Nominalbetrag	nominal amount
Norm	standard
Notar	notary
Notenbank	central bank
Notfall	emergency
Nullwachstum	zero growth
Nutzung	use
offene Rechnung	unsettled invoice
Offenlegung	disclosure
öffentlich	public
öffentliche Ausgaben	public spending
Offerte	offer
Optimierung	optimisation
Ordner 1. 2. (Verzeichnis)	folder directory
Ordnung	order
Organisation	organisation
Päckchen	small packet, small parcel
Paket	package, parcel
Palette	pallet
Parität	parity
Partner	partner
Passwort	password
Pauschalbetrag	flat rate amount, lump sum
Pendelverkehr	shuttle service
per Einschreiben	by registered post
Periode	period
Personal	staff
Personalabteilung	personnel department, human resources department
Personalausweis	identity card (ID)
Pfändung	seizure
Pfund	pound
Plakat	poster
Planung	planning
platzieren	to place
Porto	postage
portofrei	post free, US: post paid
Post	post, US: mail
Post (im Vergleich mit E-Mail)	snail mail
mit getrennter Post	under separate cover
Postanweisung	postal money order
Posten 1. (Einzelziffer) 2. (Warenmenge)	items lots
Postfach	post office box
Postleitzahl	post code, US: ZIP code
Postscheck	giro cheque, US: giro check
Poststempel	postmark
postwendend	by return of post
Postwurfsendung	direct mail
Prämie	1. bonus 2. premium
Präsentation	presentation
Preis	price
Preisabsprache	price fixing
Preisabzug	price deduction
Preisanstieg	price increase
Preisempfehlung	recommended price
Preiserhöhung	price increase
Preisliste	price list
Preisniveau	price level
Preisobergrenze	price ceiling
Preissenkung	price reduction
Preisuntergrenze	price floor
Preisunterschied	price difference
Preisverfall	decline in prices
preiswert	reasonably priced
Presse	press

Pressekonferenz	press conference
Pressemitteilung	press release
Primärenergie	primary energy
Privatadresse	home address
Privatisierung	privatization
Probeauftrag	trial order
Probelieferung	trial shipment
Probezeit	trial period
probieren	to try
Produkt	product
Produkthaftung	product liability
Produktion	production
Produktionskosten	production costs
Produktivität	productivity
Produktivitäts-steigerung	productivity gain
Produktpalette	product range
Produzent	producer
Profit	profit
Proformarechnung	proforma invoice
Prognose	forecast
Programm	programme, US: program
pro Kopf	per capita
Prospekt	leaflet
Protest	objection
Protokoll	minutes
Protokoll führen	to keep the minutes
Prototyp	prototype
Provider	access provider
Provision	commission
Provisionszahlung	commission payment
Prozent	per cent
Prozentsatz	percentage
Prüfung	inspection, examination
Punkt	issue
Qualifikation	qualification
Qualität	quality
qualitativ	qualitative
Qualitätskontrolle	quality control
Qualitätssicherung	quality assurance

quantitativ	quantitative
Quartal	quarter
Quartalsende	end of the quarter
quartalsweise	quarterly
Quittung	receipt
Quote	quota
Rabatt	discount
Rate	instalment, US: installment
Ratenkauf	hire-purchase
Ratenzahlung	payment by instalment
Rationalisierung	rationalization
Räumungsverkauf	clearance sale
Reaktion	reaction
Recheneinheit	calculation unit
Rechenfehler	miscalculation
Rechner	calculator
Rechnung	invoice
Rechnungsbetrag	invoice amount
Rechnungs-nummer	invoice number
Rechnungsprüfer	auditor
Rechnungswesen	accounting
Recht	law
Rechtsanspruch	legal claim
Rechtsanwalt	lawyer
Rechtsform	legal form
Rechtslage	legal situation
Rechtsstreit	legal action
Recycling	recycling
rediskontieren	to rediscount
Reederei	shipping company
Referenz	reference
Regierung	government
Register	register
Regress	recourse
Reingewinn	net profit
Reinvermögen	net assets
Reisekosten	travel expenses
reisen	to travel
Reisescheck	traveller's cheque
Reklamation	complaint

Reklame	advertisement, advertising
Rendite	yield
rentabel	profitable
Rentabilität	profitability
Reparatur	repair
Repräsentant	representative
Reproduktion	reproduction
Reserven	reserves
reservieren	to reserve
Reservierung	reservation
Resonanz	feedback
Ressort	department
Ressourcen	resources
restlich	remaining
Restposten	remaining stock
Restriktionen	constraints
Restrisiko	residual risk
Restwert	residual value
Restzahlung	final payment, payment of the balance
Retourwaren	returns
Rezession	recession
Richtlinien	guidelines
Richtpreis	recommended price
Risiko	risk
risikofrei	risk-free
Risikopapiere	junk bonds
risikoreich	risky
Roboter	robot
Rohstoffe	raw materials
Rohstoffmarkt	commodity market
rückdatieren	to backdate
rückerstatten	to refund
Rückfahrkarte	US: round trip ticket
Rückflug	return flight
Rückflugticket	US: round trip ticket
Rückfrage	query
Rückgabe	return
Rückgaberecht	right of return
Rückgang	decline, decrease
rückgängig	declining
rückgängig machen	to cancel
Rückkauf	repurchase
Rücklagen	reserves
Rücklagen bilden	to set up liability reserves
Rückmeldung	feedback
Rückruf	return call
Rückschlag	setback
Rückseite	back
Rückstand	arrears
Rückstellungen	reserves
Rücktritt	resignation, withdrawal
Rückumschlag	return envelope
rückvergüten	to refund
rückwirkend	retrospective, retroactive
Ruf	reputation
Rufnummer	telephone number
Ruhetag	closing day
Rundschreiben	circular
zur Sache kommen	to get down to business
Saison	season
Saldo	balance
sättigen	to saturate
Satz	rate
Satzung	statutes
Schaden	damage
Schadenersatz	damages
Schadensforderung	claim for damages
Schadstoff	pollutant
schaffen	to create
Schalterstunden	opening hours
schätzen	to estimate
Schätzung	estimation
Schaubild	chart
Schaufenster	shop window
Schaumstoff	foam

Scheck	cheque, US: check
Schein	banknote, bill
(er)scheinen	to seem, to appear
Scheingesellschaft	bogus company
Schicht	shift
Schichtarbeit	shift work
schicken	to send
Schienennetz	railway network
Schiff	ship
Schiffsregister	register of ships
Schlappe	setback
schleppend	slow
Schleuderpreis	rock-bottom price, give-away price
schließen	
1. (beenden)	to draw to an end
2. (den Schluss ziehen)	to conclude
Schlüsselindustrie	key industrial sector
Schlussverkauf	seasonal sale
Schreibmaschine	typewriter
Schreibtisch	desk
Schreibwaren	stationery
Schranken (Marktzutritt)	barriers (to entry)
schriftlich	written
Schriftverkehr	correspondence
schrittweise	in stages
Schuld	debt
Schuldner	debtor
schwach	weak
schwanken	to fluctuate
schwarze Zahlen	surplus
Schwarzmarkt	black market
schwebend	pending
Schwierigkeit	difficulty
Seefracht	sea freight
Seefrachtbrief	bill of lading
seemäßig	seaworthy
Seeweg	sea route
Seite	1. side
	2. page
Sekreätrin	secretary

Sektor	sector
selbstständig	independent
Selbstkostenpreis	cost price
Sendung	shipment, consignment
senken	to cut, to lower
Serie	series
sicher (sein)	(to be) sure
Sicherheit	security
Sichtwechsel	sight draft
Sitz	headquarters
Sitzung	meeting
Skonto	cash discount
sofort	immediately
Soll	debit
Sonderangebot	special offer
Sonderartikel	special item
Sonderausgaben	special expenses
Sonderpreis	special price
Sondersitzung	special meeting
Sonderrabatt	special discount
Sonstiges	Any Other Business (A.O.B.), miscellanous
Sortiment	assortment
Sozialleistungen	benefits
Sozialprodukt	national product
Spanne	margin
sparen	to save
sparsam	economical
Spediteur	forwarding agent, forwarder
sperrig	bulky
spezialisiert	specialized
Spezifikation	specification
Spitzenqualität	top quality
staatlich	state
Stabilität	stability
stagnieren	to stagnate
Stammkunde	regular customer
Stand	
1. (Messestand)	stand, booth
2. (Höhe)	level
3. (Situation)	situation

German	English	German	English
Standard	standard	Telekonferenz	unabhängig
ständig	constant	Termin	teleconference
Standort	location	termingerecht	deadline
Standpunkt	point of view	Terminplanung	on schedule
stapeln	to stack, to pile	teuer	scheduling
steigern	to increase	Teuerung	expensive
Stellung nehmen	to comment	Textverarbeitung	price increase
Stellungnahme	comment	Thema	word processing
Stellvertreter	deputy	Tischvorlage	subject
Stenografie	shorthand	Tochtergesell-	handout
Steuer	tax, levy	schaft	subsidiary
Stichtag	deadline	Überblick	company
Stillstand	stoppage	Überbringer	overview
stornieren	to cancel	Übereinstimmung	bearer
Störung	disruption	überfällig	consensus
strafbar	punishable	Übergabe	overdue
streichen	to cut, to cancel	übergeben	delivery
Streik	strike	übergehen zu	to hand over
Stück	piece, unit	überhöht	to move on to
Stückliste	bill of material	Übernahme	excessive
Stückgut	mixed cargo, LCL	überprüfen	take over
Stundung	respite	Überschuss	to check
Subvention	subsidy	Überstunde	excess
Suche	search	Übertragung	overtime
suchen	to search	überwachen	transfer
Suchmaschine	search engine	Überweisung	to supervise
Summe	amount	überzeugen	remittance
Tabelle	table, chart	Überzeugung	to convince
täglich	daily	Ultimo	conviction
Tageslichtprojektor	overhead-projector (OHP)	Umfang	month end
Tagesordnung	agenda	umgehend	extent
Tagesordnungs-	item	umpacken	immediately
punkt		umrechnen	to repack
Tagung	conference	Umsatz	to convert
Tarif	tariff		turnover, US:
Tatsachen	facts	Umsatzkosten	sales
Techniker	technician	Umsatzprognose	cost of goods sold
technisch	technical	Umsatzsteuer	sales projection
Teil (Anteil)	part, share	Umschlag	sales tax
Teillieferung	partial delivery	umsonst	envelope
Teilzählung	partial payment	Umwelt	free
Teilzeitarbeit	part-time work	umweltfreundlich	environment
Telefonnummer	telephone number		beneficial to the environment

unabhängig	independent	Verhandlungs-	negotiator
unbefristet	unlimited	führer	
unerwartet	unexpected	verkaufen	to sell
ungültig	invalid	Verkaufszahlen	sales figures
Unkosten	costs	Verknüpfung	link
unmittelbar	immediately	(Internet)	
unterbieten	to undercut,	verladen	to load
	to undersell	verlängern	to extend
Unterlagen	documents	Verlust	loss
Unternehmen	company,	vermarkten	to market
	corporation	vermindern	to reduce
unterschreiben	to sign	vermuten	to assume,
Unterschrift	signature		to presume
unterstützen	to support	Verordnung	directive
Unterstützugn	support	Verpackung	packing
untersuchen	to examine	Verrechnungspreis	transfer price
unverzollt	duty unpaid	Verrechnungs-	crossed cheque,
Urheberrecht	copyright	scheck	non-negotiable
Urkunde	document		cheque, US:
Urlaub	holiday		...check
Valuta	foreign currency	Versand	dispatch
Verabredung	appointment	verschicken	to forward
Veränderung	amendment	verschiffen	to postpone
veranlassen	to arrange,	Versicherung	to ship
	to agree upon	einen Versuch	insurance
verantwortlich	responsible	wagen	to give it a try
verarbeiten	to process	vertagen	to adjourn,
Verbrauch	consumption		to postpone
Verbraucher	consumer	Vertrag	contract
verbunden	online	vertraulich	confidential
(Internet)		vertreiben	to sell
verderbliche	perishable goods	vertreten	to represent
Waren	to arrange, to	Vertrieb	sale
vereinbaren	agree upon	Verwaltung	administration
	agreement	Verzeichnis	directory
Vereinbarung	process	verzollt	duty paid
Verfahren	expiry date, US:	vierteljährlich	quarterly
Verfallsdatum	expiration date	Visitenkarte	business card
verfügbar	available	Volumen	volume
vergriffen	out of stock	Voranschlag	estimate
Vergünstigung	concession	Vorauskasse	cash in advance
(Preisermäßi-		vorgehen	to proceed
gung)		Vorkalkulation	cost estimate
verhandeln	to negotiate	Vorrat	stock, inventory

vorrätig	available
Vorschlag	suggestion, proposal
vorschlagen	to suggest, to propose
vorstellen	1. to introduce
	2. to present
Vorteil	advantage
Wachstum	growth
Währung	currency
Ware	goods, merchandise
Warenbezeichnung	trade name
Warensendung	consignment
Warenzeichen	trademark
Wechsel	bill of exchange
Wechselkurs	exchange rate
weiterleiten	to pass on
werben	to promote
Werbegeschenk	free gift
Werbung	advertising, US: commercial
Werk (Fabrik)	factory, plant
Werkzeug	tool
Wert	value
Wettbewerb	competition
wettbewerbsfähig	competitive
wichtig	relevant
widerrufen	to cancel
wiederholen	to repeat
wieder verwerten	to recycle
Wirtschaft	economy
Wirtschaftsbereich	business segment
Wirtschaftsjahr	business year
wöchentlich	weekly
Zahl	number
zahlbar	payable
zahlen	to pay, to meet payment
zahlen, bei Sicht/Vorlage	to pay on demand
Zahlung	payment
Zahlungsaufforderung	request for payment

Zahlungsbedingungen	terms of payment
zahlungsfähig	solvent
Zahlungsfrist	time for payment
zahlungsunfähig	insolvent
Zeit	time
Zeitplan	schedule
Zeitraum	period
Zielmarkt	target market
Zielsetzung	target
Zins	interest
zinsgünstig	low-interest
Zoll	customs duty
Zollabfertigung	customs clearance
Zollagent	customs broker
Zollager	bonded warehouse
Zollamt	customs office
zollfrei	free of duty
zufrieden	satisfied
Zugeständnis	concession
Zulieferer	supplier
Zunahme	growth
zunehmen	to increase
zurückdatieren	to backdate
zurückerstatten	to refund
zurückrufen	to phone back, US: to call back
zurückschicken	to send back
Zusage	confirmation
Zusammenarbeit	cooperation
zusammenbrechen	to collapse
zusammenfassen	to sum up
Zusatz	addition, supplement
zusätzlich	additional
Zuschlag (Fracht)	surcharge
Zuschuss	subsidy
zustimmen	to agree
Zustimmung	agreement
zuständig	responsible
zuzüglich	plus
Zweck	purpose
Zweigstelle	subsidiary
Zwischenhändler	middleman

Englisch-Deutsch

abroad	im Ausland
acceptance	Akzept
access	Zugang
access provider	Provider, Dienstanbieter
account	Konto
accountancy	Buchhaltung
accounting	Rechnungswesen
acknowledgement of receipt	Empfangsbestätigung
acquisition	Anschaffung
actual figures	Ist-Zahlen
add	hinzufügen
addition	Zusatz
additional	zusätzlich
address	Adresse
adjourn	vertagen
adjust	anpassen
administration	Verwaltung
advantage	Vorteil
advertise	werben
advertisement	Anzeige
advertising	Reklame, Werbung
advisor	Berater
after sales service	Kundendienst
against	gegen, dagegen
agenda	Tagesordnung
agree	zustimmen
agreement	Vereinbarung, Abkommen, Zustimmung
aim	Ziel
airfreight	Luftfracht
airmail	Luftpost
air route	Luftweg
airway bill	Luftfrachtbrief
amendment	Veränderung
amount	Betrag
annual	jährlich
annual accounts	Jahresabschluss
annual holiday	Betriebsferien
answering machine	Anrufbeantworter

Any Other Business (A.O.B.)	Sonstiges
appear	erscheinen
application	1. Antrag 2. Anwendung
appointment	Verabredung, Termin
arrange	vereinbaren
article	Artikel
assembly	Versammlung
assortment	Sortiment
assume	annehmen, vermuten
auditor	Betriebsprüfer, Rechnungsprüfer
authentication	Beglaubigung
authority	Behörde
auxiliary worker	Aushilfe
available	verfügbar, vorrätig
average	Durchschnitt
back	Rückseite
backdate	zurückdatieren
back payment	Nachzahlung
balance	Saldo
balance of trade	Handelsbilanz
balance sheet	Bilanz
bank charges	Bankspesen
banknote	Schein
bank notification	Bankavis
bankruptcy	Konkurs
barriers (to entry)	(Marktzutritts-)Schranken
base	Standort
basic knowledge	Grundkenntnisse
bearer	Überbringer
believe	überzeugt sein, glauben
beneficiary	Begünstigter
bill	Schein
bill of exchange	Wechsel
bill of lading	1. Konnossement 2. (See)Frachtbrief

bill of material	Stückliste	cancellation	Stornierung
black market	Schwarzmarkt	capacity	Kapazität
board of directors	Aufsichtsrat, Vorstand	capital	Kapital
		cargo	Frachtgut
bogus company	Scheingesellschaft	carrier	Frachtführer
bonded ware- house	Zolllager	cartel authority	Kartellbehörde
		cash	Bargeld
bonus	Prämie	cash against documents (CAD)	Kasse gegen Dokumente
border control	Grenzkontrolle		
branch	Filiale	cash book	Kassenbuch
brand name	Markenname	cash discount	Skonto
brochure	Broschüre	cash in advance	Vorauskasse
browser	Browser (Internet)	cash on delivery	per Nachnahme
budget	Etat, Budget	cash payment	Barzahlung
bulk buyer	Großabnehmer	catalogue	Katalog
bulky	sperrig	central bank	Notenbank
business	Geschäft	challenge	Herausforderung
business card	Visitenkarte	Chamber of Commerce	Handelskammer
business hours	Geschäftszeiten, Öffnungszeiten		
		charge	belasten
business partner	Geschäftspartner	chart	Diagramm, Tabelle, Schaubild
business meeting	Geschäftsbespre- chung		
		check	1. überprüfen 2. Scheck (US)
business relation	Geschäftsverbin- dung		
business report	Geschäftsbericht	certain	sicher
business segment	Wirtschaftsbereich	cheque	Scheck
business year	Wirtschaftsjahr	circular	Rundschreiben
businessman	Geschäftsmann	claim for damages	Schadens- forderung
buy	kaufen		
buyer	1. Einkäufer 2. Abnehmer	clause	Klausel
		clearance	Abfertigung
by-product	Nebenprodukt	clearance sale	Ausverkauf, Räumungs- verkauf
calculation	Kalkulation		
calculation unit	Recheneinheit		
calculator	Rechner	client	Auftraggeber, Kunde
calendar year	Kalenderjahr		
call back (US)	zurückrufen	clientele	Kundenkreis
call it a day	Feierabend machen	closing day	Ruhetag
		collapse	zusammen- brechen
call-off	Abruf		
campaign	Kampagne	comment	1. Stellung nehmen, bemerken
cancel	widerrufen, stornieren		

	2. Stellungnahme, Bemerkung, Kommentar	consignment	Warensendung
commercial invoice	Handelsrechnung	consignment note	Frachtbrief
commission	Provision	consignment stock	Konsignations- lager
commission payment	Provisionszahlung	consolidation	Konsolidierung
commodity market	Rohstoffmarkt	constant	ständig
company	Firma	constraints	Restriktionen
company address	Firmenanschrift	consultant	Berater
company car	Firmenwagen, Dienstwagen	consultation	Beratung
compare	vergleichen	consumer	Konsument, Verbraucher
compensation	1. Entschädigung	consumer goods	Konsumgüter
	2. Entgelt (US)	consumption	Verbrauch
competence	Kompetenz	contact	Ansprechpartner
competition	1. Konkurrenz	contract	Vertrag
	2. Wettbewerb	contract of employ- ment	Arbeitsvertrag
competitive	wettbewerbsfähig		
competitor	Konkurrent	contract of sale	Kaufvertrag
complaint	1. Beschwerde	contribution	Beitrag
	2. Reklamation	control	Kontrolle
completion	Fertigstellung	convert	umrechnen
compromise	Kompromiss	conviction	‹berzeugung
concern	betreffen	convince	überzeugen
concession	Zugeständnis	cooperation	Kooperation, Zusammenarbeit
conclude	erledigen, den Schluss ziehen	coordination	Koordination
conclusion	Schluss, Ergebnis	copy	Kopie, kopieren
condition	Bedingung, Kondition	copyright	Urheberrecht
		corporation	1. Körperschaft
conference	Konferenz, Tagung		2. Handelsgesell-- schaft, Aktien- gesellschaft
confidential	vertraulich	correct	1. korrigieren
confidentiality	Diskretion		2. richtig
confirm	bestätigen	correction	Berichtigung
confirmation	1. Bestätigung	correspondence	Schriftverkehr
	2. Zusage	cost accounting	Kostenrechnung
confiscate	beschlagnahmen	cost breakdown	Kostenaufstellung
consensus	Einigkeit, Überein- stimmung	cost centre	Kostenstelle
		cost estimating	Vorkalkulation
consent	1. zustimmen	cost of goods sold	Umsatzkosten
	2. Zustimmung	cost price	Selbstkostenpreis
consider	erwägen, bedenken	cost reduction	Kostensenkung
		costs	Kosten

countersignature	Gegenzeichnung	dealership	Vertretung
country	Land	debit	Soll
country of origin	Herkunftsland	debit note	Lastschrift
courier	Eilbote	debt	Schuld
under separate cover	mit getrennter Post	debtor	Schuldner
craft trade	Handwerk	decide	entscheiden, beschließen
create	schaffen		
credit	1. gutschreiben	decision	Beschluss, Entscheidung
	2. Haben, Kredit		
credit margin	Kreditrahmen	declaration	Erklärung
creditor	Gläubiger	decline	zurückgehen
credit note	Gutschrift	declining	rückläufig
credit-worthy	kreditwürdig	deduction	Abzug
crisis	Krise	deed	Urkunde
crossed cheque	Verrechnungs--scheck	defect	Mangel
		deficit	Defizit
currency	Währung	delay	Verzug
current	derzeitig, aktuell	delivery	Lieferung, Über-gabe
curriculum vitae	Lebenslauf		
customer	Kunde	delivery date	Liefertermin
customs broker	Zollagent	delivery note	Lieferschein
customs clearance	Zollabfertigung	demand	Nachfrage, Bedarf
customs duty	Zoll	demand price	Geldkurs
customs office	Zollamt	department	Abteilung
cut	1. senken	deposit	Anzahlung
	2. streichen	depreciation	Abschreibung
		deputy	Stellvertreter
cyclical fluctuations	Konjunktur-schwankungen	deregulation	Deregulierung
		desk	Schreibtisch
daily	täglich	devaluation	Abwertung
damage	Beschädigung, Schaden	development	Entwicklung, Aufbau
		dictation	Diktat
damages	Schadenersatz	differ	sich unterschei den, verschieden sein, abweichen
danger	Gefahr		
dangerous	riskant, gefährlich		
database	Datenbank		
date	Datum	difficulty	Schwierigkeit
date of arrival	Ankunftsdatum	directive	Verordnung
date of departure	Abreisedatum	direct mail	Postwurfsendung
date of order	Bestelldatum	directory	Verzeichnis, Ordner
deadline	Stichtag, Termin		
dealer	Händler	disagree	nicht zustimmen, anderer Meinung sein
deal	Geschäft, Abmachung		

disadvantage	Nachteil	EFTA - European	Europäische
disclosure	Offenlegung	Free Trade	Freihandels-
discontinue	nicht mehr führen	Association	assoziation
discount	1. Rabatt,	emergency	Notfall
	Ermäßigung	employ	beschäftigen
	2. diskontieren	employee	Angestellter,
discuss	besprechen,		Arbeitnehmer
	erörtern	employer	Arbeitgeber
discount rate	Diskontsatz	endorse	indossieren
disk	Diskette	enforce	durchsetzen
dispatch	verschicken,	engineer	Ingenieur
	Versand	enquiry	Anfrage
disposal	Disposition	enterprise	Unternehmen
disruption	Störung	entry into the	Marktzugang
distribute	verteilen	market	
distribution centre	Auslieferungslager	envelope	Briefumschlag,
dividend	Dividende		Kuvert
division	Bereich	environment	Umwelt
document	Dokument	estimate	1. Kostenvoran-
documentary letter	Dokumenten-		schlag
of credit	akkreditiv		2. schätzen
documents	Dokumente	estimation	Schätzung
documents against	Dokumente	euro	Euro
payment	gegen Zahlung	eurobond	Euroanleihe
down payment	Anzahlung	eurodollar	Eurodollar
download	downloaden,	euromarket	Euromarkt
	herunterladen	European Central	Europäische
downwards	abwärts	Bank	Zentralbank
draft	1. Entwurf	European Currency	Europäische
	2. Tratte	Unit (ECU)	Währungseinheit
draw to an end	schließen	European Economic	Europäische
drawee	Bezogener	System (EEC)	Wirtschafts-
drawer	Aussteller		gemeinschaft
duplicate; in	Duplikat; in		(EWG)
duplicate	zweifacher	European monetary	europäische
	Ausfertigung	policy	Geldpolitik
duty	Abgabe	European Monetary	Europäisches
duty paid	verzollt	System (EMS)	Währungssystem
duty unpaid	unverzollt	European Union	Europäische
e-mail	E-Mail		Union
economic	Geschäftsvorgang	examination	Prüfung
transaction		examine	untersuchen
economical	sparsam	example	Beispiel
economy	Wirtschaft	excess	Überschuss

excessive	überhöht	finished product	Endprodukt, Fertigprodukt
exchange	Tausch	firm offer	Festangebot
exchange rate	Wechselkurs	firm order	Festauftrag
exhibition	Ausstellung	fixed costs	Fixkosten
expense	Aufwand	fixed price	Festpreis
expenses	Ausgaben	fixed sum	Fixum
expensive	teuer	flat rate amount	Pauschalbetrag
expert	Fachmann	flexible	flexibel
expiration date (US)	Verfallsdatum	flexitime, flextime	Gleitzeit
expiry date	Verfallsdatum	flip chart	Flipchart
explanation	Erklärung	fluctuate	schwanken
explanatory notes	Geschäftsbericht	foam	Schaumstoff
export	Ausfuhr, Export	foil	Folie
export documents	Ausfuhrpapiere	folder	Ordner, Mappe
export duty	Ausfuhrzoll	follow-up order	Folgeauftrag
export licence	Ausfuhrgenehmigung	forecast	Prognose
express delivery	Eilzustellung	foreign branch	Auslandsfiliale
express letter	Eilbrief	foreign business	Auslandsgeschäft
extend	verlängern	foreign currency	Valuta
extension	Durchwahl	foreign exchange	Devisen
extent	Umfang	foreign market	Auslandsmarkt
ex works	ab Werk	foreign trade	Außenhandel
fact	Tatsache, Fakt	form	Formular
factor	fakturieren	formation	Gründung
factory	Fabrik, Werk	forward	verschicken, weiterleiten
fair	Messe		
fairness	Kulanz	forwarder	Spediteur
fashion article	Modeartikel	forwarding agent	Spediteur
in favour of	dafür	free	umsonst
fee	Gebühr, Honorar	free domicile	frei Haus
feedback	Resonanz, Rückmeldung	free frontier frei	Grenze
		free gift	Werbegeschenk
fetch back	zurückholen	free of charge	kostenlos
field work	Außendienst	free of defects	mangelfrei
file	1. Akte	free of duty	zollfrei
	2. Datei	free on board	frei Schiff
filename	Dateiname	free port	frei Hafen
final payment	Restzahlung	free trade	Freihandel
finances	Finanzen	free trade zone	Freihandelszone
financial report	(Jahres)Abschluss	free warehouse	frei Lager
financial standing	Kreditfähigkeit	free zone	Zollfreigebiet
financial year	Geschäftsjahr	freight	Fracht, Ladung
financing	Finanzierung	freight costs	Frachtkosten

freight paid	Fracht frei	guidelines	Richtlinien
freight rate	Frachtrate	haggle	feilschen
full-scale	umfassend	hand over	übergeben
fund	Haftung	handout	Tischvorlage,
licence	Lizenz		Handzettel
life	Laufzeit	harbour	Hafen
limit	Limit	harbour fees	Hafengebühren
line of business	Branche	hazard	Gefahr
link (internet)	Verknüpfung	heading	‹berschrift
liquidity	Liquidität	headquarters	Sitz
list price	Listenpreis	HGV	LKW
load	1. Belastung	hire-purchase	Ratenkauf
	2. verladen	hold up	verzögern
loan	Anleihe, Darlehen	holiday	Urlaub
local	inländisch,	home address	Privatadresse
	einheimisch	home market	Binnenmarkt
location	Standort	home page	Homepage
logistics	Logistik	identity card (ID)	Personalausweis
Lombard rate	Lombardsatz	immediately	1. umgehend
long-term	langfristig		2. unmittelbar
lose	verlieren	implication	Auswirkung
loss	Verlust	import	Einfuhr, Import
lots	Posten	import declaration	Einfuhrerklärung
lower	senken	import duty	Einfuhrzoll
low-grade	minderwertig	import licence	Einfuhrgenehmi-
low-interest	zinsgünstig		gung
machine	Maschine	import restriction	Einfuhrbeschrän-
made to measure	Fonds		kung
German industrial	Deutsche-	impose	verhängen
standards	Industrie-	incentive	Anreiz
	Norm (DIN)	incidentals	Nebenkosten
get down to	zur Sache	income	Einkommen
business	kommen	income tax	Einkommens-
giro cheque	Postscheck		steuer
give it a try	einen Versuch	increase	1. steigern
	wagen		2. Erhöhung
goods	Güter, Ware	independent	selbstständig,
government	Regierung		unabhängig
grade	Handelsklasse	index card	Karteikarte
gross	brutto	indorsement	indossament
group	Konzern	industrial area	Industriegebiet
growth	Wachstum,	industry	Gewerbe
	Zunahme	in favour of	zu Gunsten
guarantee	Bürgschaft	inflation	Inflation

influence	Einfluss	laptop	tragbarer Computer
in force	in Kraft	law	Gesetz, Recht
information	Auskunft, Information	lawyer	Rechtsanwalt
inland freight	Inlandsfracht	lead time	Lieferzeit
in particular	im Einzelnen	leaflet	Prospekt
insolvent	zahlungsunfähig	legal action	Rechtsstreit
inspection	Prüfung	legal claim	Rechtsanspruch
installation	Montage	legal form	Rechtsform
instalment	Rate	legal situation	Rechtslage
insurance	Versicherung	letter	Brief
interactive	interaktiv	letter of credit	Akkreditiv
interest	Zins	irrevocable letter of credit	unwiderrufliches Akkreditiv
internet	Internet	level	Stand
intranet	Intranet	levy	Abgabe, Steuer
introduce	einführen, vorstellen	liability	Haftung
invalid	ungültig	licence	Lizenz
inventory	Inventar, Vorräte, Bestände	life	Laufzeit
		limit	Limit
invest	anlegen	line of business	Branche
investigation	Nachforschung	link (internet)	Verknüpfung
investment	Anlage, Investition	liquidity	Liquidität
invoice	Faktura, Rechnung	list price	Listenpreis
		load	1. Belastung
invoice amount	Rechnungsbetrag		2. verladen
invoice number	Rechnungsnummer	loan	Anleihe, Darlehen
unsettled invoice	offene Rechnung	local	inländisch, einheimisch
invoicing	Fakturierung		
issue	Punkt	location	Standort
item (on the agenda)	Tagesordnungspunkt	logistics	Logistik
		Lombard rate	Lombardsatz
items	Posten	long-term	langfristig
jeopardize	gefährden	lose	verlieren
job order	Kundenauftrag	loss	Verlust
joint stock company	Aktiengesellschaft	lots	Posten
judge	urteilen, beurteilen	lower	senken
junk bonds	Risikopapiere	low-grade	minderwertig
keep the minutes	Protokoll führen	low-interest	zinsgünstig
key currency	Leitwährung	machine	Maschine
key rate	Leitzins	made to measure	maßgefertigt
key (industrial) sector	Schlüsselsektor, Schlüsselindustrie	mail (US)	1. Post
			2. (ver)schicken

mailing list	Namen-, Adres-senliste (Internet)	method	Methode
maintenance	Instandhaltung, Wartung	middle class	Mittelstand
make up s.th.	etwas ausgleichen	middleman	Zwischenhändler
management	Führung	mile	Meile
manager	Geschäftsführer	minimum purchase	Mindestabnahme
manual work	Handarbeit	minimum quantity	Mindestmenge
manufacturer	Erzeuger, Hersteller	minutes	Protokoll
margin	1. Marge	miscalculation	Rechenfehler
	2. Spanne	misunderstanding	Missverständnis
marginal value	Marginalwert	mistake	Fehler
market	1. Markt	mixed cargo	Stückgut
	2. vermarkten	modem	Modem
market analysis	Marktanalyse	modernise	modernisieren
market coverage	Marktanteil	modify	ändern
market economy	Marktwirtschaft	monopoly	Monopol
market fluctuations	Markt-, Preis-schwankungen	month end	Ultimo
		monthly	monatlich
market gap	Marktlücke	moonlighting	Schwarzarbeit
market research	Marktforschung	motion	Antrag
market share	Marktanteil	motor vehicle	Kraftfahrzeug
marketing	Marketing	move on to	übergehen zu
marketing tools	Absatzinstrumente	motorway toll	Autobahngebühr
mass production	Massenfertigung	mutual under-standing	beiderseitiges Einvernehmen
material	Material	national currency	nationale Währung
material costs	Materialkosten		
means	Mittel	NAFTA - North American Free Trade Agreement	Nordameri-kanische Freihandelszone
means of payment	Zahlungsmittel		
measure	Maß		
measurements	Messwerte	national product	Sozialprodukt
mechanic	Mechaniker	need	Bedarf
meet payment	zahlen	negotiate	verhandeln
meeting	Besprechung, Sitzung	negotiator	Verhandlungs-führer
member	Mitglied	net	1. netto
memo	Aktennotiz		2. Netz (Computer)
memorandum	Aktennotiz	net assets	Reinvermögen
mention	erwähnen	net price	Nettopreis
merchandise	1. Ware(n)	net profit	Reingewinn
	2. handeln mit (US)	new foundation	Neugründung
		news	Nachricht
message	Mitteilung	newsgroup	Newsgroup
		night safe	Nachttresor

night shift	Nachtschicht	papers	Unterlagen
nominal amount	Nominalbetrag	parcel	Paket
nominal value	Nennwert	parent company	Muttergesellschaft
non-assignable	nicht übertragbar	parity	Parität
notary	Notar	part	Teil
number	Zahl	partner	Partner, Teilhaber
object to	gegen ... sein	partial delivery	Teillieferung
objection	Beanstandung, Widerspruch, Einspruch	partial payment	Teilzahlung
		participant	Teilnehmer
		partner	Partner, Teilhaber
offer	Angebot, Offerte	part payment	Abschlagszahlung
office	Geschäftsstelle, Büro	part-time work	Teilzeitarbeit
		pass on	weiterleiten
on receipt	nach Erhalt	password	Passwort
on schedule	termingerecht	pay	bezahlen, zahlen
online	online, verbunden	payable	zahlbar
open cheque	Barscheck	pay off	abzahlen
opening hours	Schalterstunden, Öffnungszeiten	pay on demand	bei Sicht/Vorlage bezahlen
open price	Preis frei bleibend	pay out	Auszahlung
operating costs	Betriebskosten	payment	Zahlung
opinion	Meinung, Ansicht	payment by instalment	Ratenzahlung
option	Alternative		
order	1. bestellen	payment on account	Akontozahlung
	2. Auftrag, Bestellung	pending	schwebend
		per capita	pro Kopf
order confirmation	Auftragsbestätigung	per cent	Prozent
		percentage	Prozentsatz
ordered quantity	Bestellmenge	performance	Leistung
orderly	ordnungsgemäß	perishable goods	verderbliche Ware
organization	Organisation	period	Frist, Zeitraum
out of stock	vergriffen	period of notice	Kündigungsfrist
outstanding debt	Außenstand	permission	Erlaubnis
overall spending	Gesamtausgaben	permit	Genehmigung, genehmigen
overdraw	überziehen		
overdue	überfällig	personnel	Personal
overhead projector (OHP)	Overhead-projektor	phone back	zurückrufen
		pie chart	Kreisdiagramm
overtime	Überstunde	piece	Stück
overview	Übersicht	pile	1. Stapel
packaged goods	abgepackte Ware		2. stapeln
packing	Verpackung	place	Ort, platzieren
page	Seite	place of destination	Bestimmungsort
pallet	Palette	planning	Planung

plant	Betrieb
plus	zuzüglich
point	Punkt, Argument
point of view	Standpunkt, Ansicht
policy	Police
pollutant	Schadstoff
poor quality	schlechte Qualität
port	Hafen
possession	Besitz
post code	Postleitzahl
post free	portofrei
post office box	Postfach
postage	Porto
postal money order	Postanweisung
postdated	nachdatiert
poster	Plakat
postmark	Poststempel
postpone	vertagen, verschieben
pound	Pfund
premium	Prämie
pre-pay postage	vorfrankieren
present	vorstellen, vorführen, zeigen
presentation	Präsentation
presume	annehmen, vermuten
press	Presse
press conference	Pressekonferenz
press release	Pressemitteilung
price	Preis
price ceiling	Preisobergrenze
price deduction	Preisabzug
price difference	Preisunterschied
price fixing	Preisabsprache
price floor	Preisuntergrenze
price increase	Preiserhöhung, Teuerung
price level	Preisniveau
price list	Preisliste
price recommendation	Preisempfehlung
price reduction	Preisnachlass, Preissenkung
price rise	Preisanstieg
primary energy	Primärenergie
print	drucken
printed matter	Drucksache
printer	Drucker
privatization	Privatisierung
proceed	vorgehen
process	1. verarbeiten 2. Prozess, Verfahren
producer	Produzent
product	Erzeugnis, Produkt
product liability	Produkthaftung
product range	Produktpalette
production	Fertigung, Produktion
production costs	Produktionskosten, Herstellungskosten
productivity	Produktivität
productivity gain	Produktivitätssteigerung
profit	Profit
profitability	Rentabilität
profitability report	Ergebnisbericht
profitable	rentabel profit
margin	Gewinnspanne
profit surplus	Gewinn
proforma invoice	Proformarechnung
programme	Programm
promise of credit	Kreditzusage
promote	werben
promotion	Beförderung
proposal	Vorschlag
proposition	Antrag
proprietor	Inhaber
protest	protest
prototype	Prototyp
public	öffentlich
public spending	öffentliche Ausgaben

punishable	strafbar	refund	zurückerstatten
purchase	Ankauf, Einkauf	register	Register
purchase price	Einkaufspreis, Kaufpreis	registered letter	Einschreibebrief
		by registered letter	per Einschreiben
purchaser	Käufer, Abnehmer	regular customer	Stammkunde
purpose	Zweck	reject	ablehnen, verwerfen
qualitative	qualitativ		
quality	Qualität	relation	Relation
quality assurance	Qualitätssicherung	relevant	wichtig, relevant
quality control	Qualitätskontrolle	reliable	zuverlässig
quantitative	quantitativ	remaining	restlich
quantity	Menge	remaining stock	Restposten
quantity discount	Mengenrabatt	remind	erinnern
quantity unit	Mengeneinheit	reminder	Mahnung
quarter	Quartal	remittance	Überweisung
quarterly	quartalsweise	rent	Miete
query	Rückfrage	rental car	Mietwagen
quota	Kontingent, Quote	repack	umpacken
		repair	Reparatur
quote	anbieten	repeat	wiederholen
railway	Bahn	repeat order	Nachbestellung
railway network	Schienennetz	replacement	Ersatzlieferung
rate	Satz	reply	Antwort
raw materials	Rohstoffe	reply coupon	Antwortschein
reaction	Reaktion	represent	Repräsentant
real estate	Grundstück	representative	repräsentativ
reason	Grund	reproduction	Reproduktion
rebound in economic activity	Konjunkturaufschwung	repurchase	Rückkauf
		reputation	Ruf
receipt	Quittung	request for payment	Zahlungsaufforderung
recession	Rezession		
reckon	schätzen	research	Forschung
recommendation	Empfehlung	reservation	Reservierung
recommended price	Richtpreis	reserve	1. Reserve
recourse	Regress		2. reservieren
recycle	wieder verwerten	reserves	Rücklagen, Rückstellungen
recycling	Recycling		
redeemable	kündbar (Anleihe)	residual risk	Restrisiko
rediscount	rediskontieren	residual value	Restwert
reduce	reduzieren	resignation	Rücktritt
reduction	Abschlag, Ermäßigung, Minderung	resources	Ressourcen
		respite	Stundung
		responsible	zuständig, verantwortlich
reference	Referenz		

restraint of trade	Handelsbeschränkungen	secretary	Sekretärin
		sector	Sektor
result	Ergebnis	security	1. Kaution
retailer	Einzelhändler		2. Sicherheit
retail price	Ladenpreis, Einzelhandelspreis	seem	scheinen
		seizure	Pfändung
retroactive	rückwirkend	sell	verkaufen
retrospective	rückwirkend	send	schicken
return	Rückgabe	send back	zurückschicken
by return of post	postwendend	sender	Absender
return call	Rückruf	series	Serie
return envelope	Rückumschlag	server	Server, Anbieter
return flight	Rückflug	(Internet)	
returns	Retourwaren	service	Dienstleistung
right of return	Rückgaberecht	service industries	Dienstleistungsunternehmen
risk	Risiko		
risk-free	risikofrei	session	Sitzung
risky	risikoreich, riskant	set up liability	Rücklagen
robot	Roboter	reserves	bilden
rock bottom price	Schleuderpreis	setback	Rückschlag, Schlappe
round trip ticket (US)	Rückflugticket, Rückfahrkarte		
		share	1. Aktie
salary	Gehalt		2. Teil
sale(s)	1. Verkauf		3. teilen
	2. Absatz, Umsatz (US)	shareholder	Aktionär
		shift	Schicht
	3. Vertrieb	shift work	Schichtarbeit
sales figures	Verkaufszahlen	ship	1. verschiffen
sales tax	Umsatzsteuer		2. Schiff
sample	Muster	shipment	Sendung
sample consignment	Mustersendung	shipping company	Reederei
satisfied	zufrieden	shop window	Schaufenster
saturate	sättigen	shortage	Knappheit
save	sparen	shorten	kürzen
schedule	Zeitplan	shorthand	Stenografie
scheduling	Terminplanung	short-term	kurzfristig
sea freight	Seefracht	short-time work	Kurzarbeit
sea route	Seeweg	shuttle service	Pendelverkehr
search	1. Suche	side	Seite
	2. suchen	sight draft	Sichtwechsel
search engine	Suchmaschine	sign	unterschreiben
season	Saison	signature	Unterschrift
seasonal sale	Schlussverkauf	slow	schleppend
seaworthy	seemäßig	small packet	Päckchen

snail mail	"normale" Post (nicht E-mail)	subsidiary	Zweigstelle
sole agency	Alleinvertretung	subsidiary company	Tochter- gesellschaft
sole owner	Alleininhaber	subsidy	Subvention, Zuschuss
solution	Lösung	subtotal	Zwischensumme
solve	lösen	suggest	vorschlagen
solvent	zahlungsfähig	suggestion	Vorschlag
spare part	Ersatzteil	sum up	zusammenfassen
special discount	Sonderrabatt	supervise	überwachen
special expenses	Sonderausgaben	supervisory board	Aufsichtsrat
special item	Sonderartikel	supplement	Zusatz
specialized	spezialisiert	supplier	Lieferant, Zulieferer
special meeting	Sondersitzung		
special offer	Sonderangebot	support	unterstützen, Unterstützung
special price	Sonderpreis		
specification	Spezifikation	surcharge	Aufschlag, Zuschlag
stability	Stabilität		
stack	stapeln	sure	sicher
staff	Belegschaft, Personal	takeover	Übernahme
		take over	übernehmen
stagnate	stagnieren	target	Zielsetzung
stand (at a fair)	Stand	target market	Zielmarkt
standard	Norm, Standard	tariff	Tarif
state	staatlich	tax	Steuer, Abgabe
statement	1. Feststellung, Behauptung 2. Bilanz	team	Mannschaft
		technical	technisch
		technician	Techniker
statement of account	Kontoauszug	teleconference	Telekonferenz
	Kapitalflussrech- nung,	telephone number	Rufnummer, Telefonnummer
statement of changes in the financial position	Bewegungsbilanz		
		tender	Ausschreibung
station	Bahnhof	term	Laufzeit
stationery	Schreibwaren	terminate	kündigen
statutes	Satzung	term of delivery	Lieferbedingung
stock	1. lagern 2. Vorrat	term of payment	Zahlungs- bedingung
stockkeeping	Lagerhaltung	terms of con- veyance	Beförderungs- bedingungen
stoppage	Stillstand		
storage	Lagerung	tight market	hart umkämpfter Markt
storage space	Lagerraum		
store	lagern	time	Zeit
strike	Streik	tool	Werkzeug, tool (Internet)
subject	Thema		

top price	Höchstpreis	uniform price	Einheitspreis
top quality	Spitzenqualität	unit	Einheit, Stück
trade	Handel, Gewerbe	unlimited	unbefristet
trade name	Firmenname,	upwards	aufwärts
	Handelsname,	use	verarbeiten
	Warenbezeich-	user	Benutzer,
	nung		Anwender
trade tax	Gewerbesteuer	username	Benutzername
trade union	Gewerkschaft	vacation	Urlaub
trademark	1. Warenzeichen	value	Wert
	2. Markenzeichen	value added tax	Mehrwertsteuer
trader	Händler	(VAT)	
trading company	Handelsl-	verbal	mündlich
	gesellschaft	visit	besuchen, Besuch
trading conditions	Handels-	void	nichtig
	bedingungen	volume	Volumen
trading margin	Handelsspanne	wage	Lohn
trading partner	Handelspartner	wage intensive	lohnintensiv
transfer	Übertragung,	warehouse	Lager
	übertragen	warranty	Garantie
transfer price	Verrechnungspreis	weak	schwach
transit	Transit	wear and tear	Abnutzung
transparency	Folie	Web	Netz (Internet)
transport	1. Beförderung	Web page	Seite im Internet
	2. befördern	weekly	wöchentlich
	(Ware)	weight	Gewicht
travel	reisen	wholesaler	Großhändler
travel expenses	Reisekosten	word processing	Textverarbeitung
traveller's cheque	Reisescheck	work-in-process/	unfertige
trend	Tendenz	progress	Erzeugnisse
trial order	Probeauftrag	worker	Arbeiter
trial shipment	Probelieferung	works	Werk
trigger	auslösen	written	schriftlich
try	probieren	World Wide Web	Internet
turnover	Umsatz	(WWW)	
typewriter	Schreibmaschine	yield	Rendite
unanimously	einstimmig	zero growth	Nullwachstum
undercut	unterbieten	ZIP code (US)	Postleitzahl
unexpected	unerwartet		

Suchmaschinen

Am besten geeignet für die Suche im Internet sind die so genannten Suchmaschinen (search engines). Sie bieten Ihnen die Möglichkeit, gezielt Informationen zu suchen, oder mithilfe von Schlagwörtern Dinge zu finden, von denen Sie wissen, dass sie irgendwo im Internet vertreten sind. Suchen Sie zum Beispiel die Adresse einer Firma, können Sie entweder mithilfe der Suchmaschine ein Branchenverzeichnis aufrufen und dort den Namen der Firma eingeben. Oder Sie geben den Namen direkt in die Eingabezeile ein und lassen danach suchen. Bei der Suche mit Schlagwörtern erhalten Sie eine Liste, die Ihnen über die so genannten „links" eine direkte Verbindung z.B. zu der Homepage der gesuchten Firma ermöglicht. Allerdings ist es sinnvoll, die Suche von vornherein so eng wie möglich einzugrenzen, denn wer möchte schon ein Suchergebnis von oft einigen tausend gefundenen Übereinstimmungen durchsehen?

Für die Suche stehen verschiedene Suchmaschinen zur Verfügung. Einige sind besonders für die internationale Suche geeignet, wie zum Beispiel „AltaVista" und „Lycos", bei denen man die Suche aber auch auf Deutschland beschränken kann. Für Deutschland sind vor allem „Fireball", „Nathan" und der „DINO-Lotse" empfehlenswert. Letzterer beinhaltet unter anderem den „Branchen-Dino", der die Suche nach Firmen erheblich erleichtert. Neben den umfassenden Suchmaschinen gibt es auch die thematischen Verzeichnisse, wie „Yahoo" und der „DINO-Katalog". Im Unterschied zu den Suchmaschinen, können Sie sich hier einen Überblick über die Angebote im Internet verschaffen oder Informationen in einem größeren Zusammenhang suchen. Aber auch hier gilt: je eingeschränkter und konkreter die Suchbegriffe, desto besser die Chancen, ein zufrieden stellendes Suchergebnis zu erhalten.

Hier einige Suchmaschinen-Adressen:

International

AltaVista	http://altavista.digital.com/
Lycos	http://www.lycos.com/
Infoseek	http://www.infoseek.com/

National

Fireball	http://www.fireball.de
Nathan	http://www.nathan.de
DINO-„Lotse"	http://www.lotse.de

Thematische Verzeichnisse

Yahoo!	http://www.yahoo.com/
Yahoo Deutschland	http://www.yahoo.de
DINO-Katalog	http://www.dino-online.de/seiten.html

Umrechnungstabelle Maße und Gewichte in den USA

Gewichte

100g	= 3,527 oz	1 kg	=	2,205lb
1oz (ounce, Unze)			=	28,35g
1lb (pound, Pfund)			=	453,59g
1cwt (hundredweight, Zentner)		short	=	100lb = 45,359kg
		long	=	112lb = 50,802kg
1tn (ton, Tonne)		short	=	907,2kg
		long	=	1016,0kg

Längenmaße

1 in (inch, Zoll)	=	2,54 cm	1mm =	0,039 in
1ft (foot, Fuß)	=	30,48 cm (12 in)	1cm =	0,033 ft
1yd (yard, Elle)	=	91,44 cm (3ft, feet)	1m =	1,09 yd
1 mi (mile, Meile)	=	1,610 km	1km =	0,62 mi

Flächenmaße

1 in^2 (square inch)	=	6,45 cm^2	1 cm^2 =	0,155 in^2
1 ft^2 (square foot)	=	9,288 dm^2	1 dm^2 =	0,108 ft^2
1 yd^2 (square yard)	=	0,836 m^2	1 m^2 =	1,196 yd^2
1 acre	=	0,405 ha	1 ha =	2,471 acres
1 mi^2 (square mile)	=	2,589 km^2	1 km^2 =	0,386 mi^2

Raummaße

1 in^3 (cubic inch)	=	16,386 cm^3	1 cm^3 =	0,061 in^3
1 ft^3 (cubic foot)	=	28,320 dm^3	1 dm^3 =	0,035 ft^3
1 yd^3 (cubic yard)	=	0,765 m^3	1 m^3 =	1,308 yd^3
1 bu (bushel)	=	35,241	1 m^3 =	28,38 bu

Hohlmaße

1 gill	=	0,118 l
1 pt (pint)	=	0,473 l (4 gills)
1 qt (quart)	=	0,946 l (2pt)
1 gal (US gallon)	=	3,787 l (4 qt)
1 l = 8,747 gills = 2,114 pt = 1,057 qt = 0,264 gal		

Feiertage in Großbritannien

New Year's Day	(Neujahrstag)
Good Friday	(Karfreitag)
Easter Monday	(Ostermontag)
May Day	(Maifeiertag)
Spring Bank Holiday	(Pfingstmontag)
August Bank Holiday	(letzter Montag im August)
Christmas Day	(1. Weihnachtstag)
Boxing Day	(2. Weihnachtstag)

In England wird der Maifeiertag am ersten Montag im Mai gefeiert und nicht am 1. Mai. Pfingstmontag ist normalerweise der letzte Montag im Mai. "August Bank Holiday" ist immer der letzte Montag im August. "Boxing Day" wird so genannt, wegen des alten Brauchs, an diesem Tag an das Personal kleine Geschenke (Weihnachtsschachteln), also boxes zu verschenken.

Feiertage in den Vereinigten Staaten

New Year's Day	(Neujahrstag)
Martin Luther King Day	(3. Montag im Januar)
President's Day	(3. Montag im Februar)
Memorial Day	(letzter Montag im Mai)
Independence Day	(4. Juli)
Labor Day	(1. Montag im September)
Columbus Day	(2. Montag im Oktober)
Veterans' Day	(11. November)
Thanksgiving	(4. Donnerstag im November)
Christmas Day	(1. Weihnachtstag)

Columbus und Veterans' Day sind nur behördliche Feiertage, d.h. dass zum Beispiel keine Post ausgetragen wird, viele Banken und Geschäfte aber trotzdem geöffnet haben.